ベートーヴェン症候群　音楽の愛憎に迫る

ヘーゲル歴史哲学の実像に迫る

― 新資料に基づくヘーゲル像の刷新 ―

松 田　純 著

知泉書館

凡　例

引用略号
・GW.（アカデミー版全集）G.W.F. Hegel, Gesammelte Werke. Hrsg.
　von der Nordrhein-Westfälischen Akademie der Wissenschaften und
　der Künste, Hamburg, 1968 -
例えば GW.18.152 はアカデミー版全集第 18 巻の 152 頁を指す。
GW.27（アカデミー版全集第 27 巻，2015-2020 年）は「世界史の哲
　学」の講義録。5 分冊であり，GW.27,1. は第 27 巻の第 1 分冊を
　指す。頁数は 1-4 分冊の通し頁となっている。編集方針や詳細
　な注を収録する第 5 分冊は未刊。
　　GW.27,1. は 1822/23 年の講義録
　　GW.27,2. は 1824/25 年の講義録
　　GW.27,3. は 1826/27 年の講義録
　　GW.27,4. は 1830/31 年の講義録
なお，1828/29 年の講義録は発見されていない。
・V.（講義録シリーズ）G.W.F. Hegel, Vorlesungen. Ausgewählte
　Manuskripte und Nachschriften. 1983-
・Sk.（ズールカンプ版著作集）G.W.F. Hegel Werke in 20 Bänden
　Hrsg. von E. Moldenhauer u . K. M. Michel. 1970-
・Br. ヘーゲル書簡集　Briefe von und an Hegel. Dritte, durchgesehene
　Auflage, 4 Bde., Hamburg 1969

邦訳について
・GW.（アカデミー版全集）の邦訳は「ヘーゲル全集」として 2019
　年より知泉書館から刊行中。この全集からの引用が繰り返しに
　なる場合は，全集 16.23 のように，巻数と頁数のみを示す。
「世界史の哲学」に特に関係するものは
・GW.18. ヘーゲル全集第 16 巻『自筆講義録 II（1816-31）』山脇雅
　夫・佐野之人責任編集，2023 年。

他に参照した巻として

・GW.4. ヘーゲル全集第 3 巻『イェーナ期批判論稿』田端信廣責任編
　集，2020 年

・GW.13. ヘーゲル全集第 11 巻『ハイデルベルク・エンツュクロペ
　ディー（1817）』山口誠一責任編集，2019 年

・GW.17. ヘーゲル全集第 15 巻『自筆講義録Ⅰ（1816-31）』小林亜
　津子・山口誠一責任編集，2020 年

・V.1.『自然法と国家学講義　ハイデルベルク大学 1817・18 年』高
　柳良治監訳，法政大学出版局，2007 年

・V.3-5.『宗教哲学講義』山崎純訳，講談社学術文庫，2023 年。引用
　が繰り返される場合は，山﨑訳と略記。

・V.12『世界史の哲学講義』上，下巻，伊坂青司訳，講談社学術文
　庫，2018 年．これは GW.27,1. と同じ 1822/23 年の講義録であ
　る。編集方針が異なるので同一ではないが，ほぼ対応している。
　GW.27.1 の邦訳がないので参考までに対応頁を指示する。指示
　が繰り返される場合は，伊坂訳と略記。

・Sk.7. *Grundlinien der Philosophie des Rechts*『法の哲学』上妻精・
　佐藤康邦・山田忠彰訳，岩波書店,2000-01 年，『法の哲学』藤
　野渉・赤沢正敏訳『世界の名著 35 ヘーゲル』中央公論社，1967
　年

・Sk.12. *Vorlesungen über die Philosophie der Weltgeschichte*. Frankfurt
　a. M. 1970. 旧版（≒カール版）『改訳　歴史哲学』上，下巻，武
　市健人訳，岩波書店，1954 年。『歴史哲学講義』上，下巻，長
　谷川宏訳，岩波文庫，1994 年

・SK. 18-20. . *Vorlesungen über die Geschichte der Philosophie* I-III『哲
　学史講義』上，中，下巻，長谷川宏訳，河出書房新社，1992 年，
　　　これらの邦訳を参照させていただいた。ただし引用の訳文は
　本文との整合のため若干異なる。

引用中の〔　〕は引用者による解説などのための追補である。

は じ め に

　「ドイツ観念論を完成させた偉大な哲学者ヘーゲル」というイメージとは裏腹に，ヘーゲルの哲学が彼の存命中に公の注目を浴び論争の中心になることはごくわずかしかなかった。ヘーゲルが生前に及ぼした影響はハレ大学をのぞいてベルリン大学の講義室に限られていた。ヘーゲル哲学の本格的な影響は彼の死後に始まる。ヘーゲルは当時ベルリンにも流行していたコレラによって61歳で突然生を断たれた。この「予期せぬ死」を乗り超えるために，残された弟子たちが死後すぐに「故人の友人の会 Verein von Freunden des Verewigten」を結成し，師の作品を全集として残そうとした。彼らはすでに公刊されていた著作を新たに編集しただけでなく，師の講義原稿や学生の講義筆記も収集して公刊した。「故人の友人たち」はヘーゲルの全作品を集めることによって初めてヘーゲル哲学の全体像を作り出した。この最初の全集（1832-45年）[1]が作り出したヘーゲル像がのちに多大な影響を及ぼすことになり，それは現在にいたるまで続いている[2]。

　　1）　Sämtliche Werke. Hg. Von einem Verein von Freunden des Verewigten. Berlin 1832-1845.

　　2）　Jaeschke, W. *Hegel Handbuch*, 2003, S.503. ヴァルター・イェシュケ『ヘーゲル　ハンドブック』神山伸弘・久保陽一・座小田豊・島崎隆・高山守・山口誠一 監訳，知泉書館，2016年，p.625-626。

　後世に与えた影響の源は，彼自身の著作よりもむしろ講義にあった。彼の著作はたいていどれも難解である。これにくらべて学生を前にした講義は思いのほかわかりやすかった。死後，弟子たちによって全集の中でまとめられた『○○講義』類は，彼みずからが書いた著作以上に広い読者を獲得した。いくつかある講義科目の中でも，とりわけ『歴史哲学講義』（正式な講義題目は「世界史の哲学」）は，通俗的な話題を満載していただけにヘーゲル哲学への入門書として，ヘーゲル文献のなかでもっとも広く読まれてきた。それは若きエンゲルス（Friedrich Engels, 1820-95）を感激させて[3]，スターリン的マルクス主義の中にも流れ込んでいった。「歴史の哲学者ヘーゲル」が定評となった。20 世紀には西洋中心主義の進歩史観として批判の格好の標的にされた。「冷戦終結」後の 20 世紀末には，リベラル・デモクラシーの最終的な勝利をもって「歴史の終わり」を唱えた歴史哲学者として名誉回復？がはかられるということもあった[4]。

　このように延々と論じられてきたヘーゲル歴史哲学であるが，これまで読まれてきたものは，ヘーゲルの筆によるものではなく，ヘーゲルの死後まもなく刊行された最初のヘーゲル全集の中で，弟子のガンス（Eduard Gans, 1797-1839）によって編集された初版（1837 年）と息子カール（Karl Hegel,1813-1901）によって編集された第 2 版（1840

　　3）　その感激は晩年まで続く。『ルードヴィヒ・フォイエルバッハとドイツ古典哲学の終結』1886 年，第 4 章参照。
　　4）　フランシス・フクヤマ『歴史の終わり』渡部昇一訳，三笠書房，1992 年。

年）であった。日本で長く読まれてきた『歴史哲学講義』
武市健人訳，岩波書店，1954 年や長谷川宏訳，岩波文庫，
1994 年はいずれもグロックナー版の翻訳であるが，これ
のもとはカール版である。近年このテクストに多くの問題
点が指摘され，信頼が失墜した。ヘーゲル歴史哲学に対す
る人口に膾炙した非難は，ヘーゲル自身の講義というよ
り，ガンスとカールの編集と改竄によって作られた誤った
像がもとになっている。代わって，聴講生が残した筆記を
もとに学期ごとの思想展開をたどる講義録研究が進められ
てきた[5]。これまで『歴史哲学講義』というテクストの形
であたかも完成された思想であるかのように受けとめられ
てきたが，新資料に基づく研究によって，ヘーゲル歴史哲
学そのものを歴史的な発展の相のもとに捉え直さなければ
ならなくなった。

　ヘーゲルはベルリン大学で「世界史の哲学」講義を，
1822/23 年冬学期に初めて開講した。「世界史の哲学」は
ヘーゲルの講義サイクルに最後にとりいれられた科目であ
る。その後，24/25，26/27，28/29，30/31 年のいずれも冬
学期に開講した。10 年間の講義期間にその思想内容は大
きく変化した。『法（権利）の哲学要綱　自然法と国家学
要綱』（以下『法哲学』と略記）や『哲学的諸学のエンツュ

　　5）　この研究動向については *Hegel-Studien*. Bd. 26 ,1991. Hrsg. von
Friedhelm Nicolin und Otto Pöggeler. ペゲラー編『ヘーゲル講義録研究』
寄川条路監訳，法政大学出版局，2015 年，寄川条路『ヘーゲル講義
録入門』法政大学出版局，2016 年，加藤尚武編『ヘーゲル哲学への新
視角』創文社，1999 年，権左武志『ヘーゲルにおける理性・国家・歴
史』岩波書店，2010 年参照。

クロペディー要綱』のような教科書を用いずに，原稿に基づく講義であった。そのため，新たに開講されるたびに，講義内容と思想内容が変化していったのである。

　講義録に基づく研究はこれまでも行われてきたが，アカデミー版全集の「世界史の哲学」講義録が第27巻として2020年に出そろったことで，一般の研究者や読者にも広く世界史の哲学講義録を利用できるようになった。

　講義録は重要な資料ではあるが，あくまで講義を聴講した学生が聴き取って理解した内容である。これに対して，アカデミー版全集第18巻（GW.18,1995年）に収められた「世界史の哲学」講義のためのヘーゲルの自筆原稿[6]は，講義の準備のためにヘーゲル自身によって執筆された原稿であり，その資料的価値は高い。本書では，新たに刊行された講義録とヘーゲルの自筆原稿をもとに，ヘーゲル「世界史の哲学」の実像に迫ってみたい。講義録の編集方針や詳細な注を収録する第27巻の第5分冊（GW.27,5）が未刊のため，詳細な編集方針は不明であるが，採用された各学期の講義録とヘーゲル自筆原稿の一覧は表1のとおり。

---

　6)　1828/29年の序論と1830/31年の序論2篇と，2篇の断片「無限にもつれあった光景もまた……」，「C〔世界史の〕歩み」，さらに，2次的伝承資料として「東洋の歴史について」がある。ヘーゲル『自筆講義録Ⅱ（1816-31）』全集16。

表1 「世界史の哲学」に関する自筆原稿，断片と講義録の一覧

自筆原稿，断片，講義録	公刊されたテクストと邦訳
1822/23 年	
断片「東洋の歴史について」（ラッソンが『世界史の哲学についての講義』第 3 版 ,1944 年で編集・公刊したのち散逸か）	GW.18.221-227 全集 16, 195-215
講義録 ホトー (Hotho) グリースハイム (Griesheim) ケーラー (Kehler) ハーゲンバッハ (Hagenbach)	GW.27,1.5-464 V.12 伊坂青司訳
1824/25 年	
講義録 ケーラー (Kehler) ドーヴ (Dove) ピンダー（Pinder）	GW.27,2.469-785
1826/27 年	
講義録 フベ (Hube) ガルチンスキー (Garczynski) ヴァルター (Walter) エアトマン (Erdmann)	GW.27.3.793-1147
1828/29 年	
自筆原稿（序論のみ） 講義録は発見されていない	GW.18.121-137 全集 16, 114-128
1830/31 年	
自筆原稿（序論のみ）	GW.18.138-207 全集 16, 127-194
断片「C〔世界史の〕歩み	GW.18.211-214 全集 16, 195-197
断片「無限にもつれあった光景もまた……」	GW.18.208-210 全集 16, 192-194
講義録 カール・ヘーゲル (Karl Hegel) アケルスダイク (Ackersdijck) ハイマン (Heimann) ヴィヒァン (Wichern)	GW.27,4.1155-1570

はじめに

ハイムによるヘーゲル歴史哲学への批判

ヘーゲル歴史哲学講義に対しては「絶対精神という神がかったものが歴史の背後から糸を引いていて，個々の人間はその操り人形にすぎない」「ヘーゲルは，終わるはずのない歴史を19世紀のプロイセン王国の中に終わらせた」等々の批判が繰り返されてきた。こうした非難を早い時期に定式化したのはハイム（Rudolf Haym, 1821–1901）の『ヘーゲルとその時代』1857年，であった。ハイムによるヘーゲル歴史哲学批判をまとめると以下のようになる[7]。

(1) 永遠不変の体系のなかで構成された〈歴史の形而上学〉

ヘーゲルは自分の不透明な体系というメガネをとおして歴史を見ている。現にあるがままの歴史の上に，体系の基本前提に従ってのみ存在が許されるような歴史を置く。世界の現実的な経緯の上に，永遠不変の体系のなかで展開された理念の論理展開を置く。ヘーゲルは，生きた歴史に，アプリオリな形而上学的カテゴリーを押しつけ，死せる歴史を構成した。

(2) 人間の生きた行為が不在の思想

ヘーゲルは，現実の倫理や自由や人間性の進歩ではなく，「自由の意識の進歩」を主題とし，精神が自身の自由を意識すること，すなわち絶対的精神が自己を知ることこそが世界の究極目的だと言う。人間主体の実践を置き去りにして，理論のみを偏重す

---

7) Hayme, R., *Hegel und seine Zeit* 1857, S.444-449 を要約。

る。歴史は絶対者が自己自身と演じる理念の戯れである。人間の行為は世界精神から借りてきた役割を演じる役者の動作のようなものだ。「絶対的精神」という名の劇作家がしばらくのあいだ彼（英雄）に王の役を演じさせるのだ。

(3) 現状を完全なものとして正当化する未来不在の保守主義

　　絶対的観念論の復古調の定式は「歴史的な現在こそ美しい理性的なコスモスである」と表現される。絶対的精神はゲルマン世界で最高の目標に到達した。精神の現在の形態こそが最高にして究極のものである。ヘーゲルの復古の哲学は何のためらいもなく，ゲルマンの現在の世界とドイツの諸国家の状態を，歴史の目標の完全なる成就だと特徴づける。ヘーゲルの歴史哲学にはおよそ未来というものがない。

　ここには，後に人口に膾炙することになる俗説の原型が語られている。しかしそれは本当だろうか。本書ではこうした俗説を再検討してみる。その際，従来のテクストを前提するわけには行かない。数々の改竄を含むガンス版もカール版も基本テクストとはせず，ヘーゲルの自筆原稿と聴講生の筆記を基に考察する。

本書の構成
　第1章　「世界史の哲学」とは何か──最初の序論構想

　本書では，10 年間で 5 回にわたって開講された世界史
の哲学講義を，各学期の講義録および 28/29 年と 30/31 年
の講義草稿に基づいて，その思想的変遷をたどりながら考
察する。

　まず第 1, 2 章は「世界史の哲学」序論構想の変遷の考
察である。ここでは最終の 30/31 年学期をとりわけ重視す
る。なぜならこの学期の講義予告では，世界史全体を扱う
のではなく序論のみを集中的に講義するつもりで詳細な原
稿を用意していたからだ。しかもこの原稿は講義準備のた
めだけではなく，公刊を目指して清書された原稿であっ
た。出版社に手渡しても良いほどの仕上がりの原稿が残っ
ている。さらに，1830 年のフランス七月革命の衝撃の最
中にこの原稿が執筆された。序論であるため七月革命が主
題的に取り上げられているわけではないが，自由や国家の
概念の記述などにその影響がうかがわれる。この原稿は
ヘーゲルが終焉の年に刊行を予定しながら未刊のまま終
わった幻の『世界史の哲学序説』という重みがある。この
原稿をつぶさに読めば，「個人は世界精神の操り人形にす
ぎない」という解釈がまったくの誤解であることがわかる
であろう。カール版とその邦訳を読むとそのような印象を

抱くかもしれないが，ヘーゲル自身の草稿には，そのように戯画化された世界精神は存在しない。

第3，4章は近代認識の深まりを学期ごとに発展史的にたどる。講義内容としては，世界史の哲学本論の第4ゲルマンの国のとりわけ第3期の近代の叙述の変遷である。ここでも30/31年の講義がとくに重視される。七月革命の衝撃からおよそ7か月後の閉講日1831年3月28日にヘーゲルの人生最後の時代認識が凝縮しているからだ。死亡する7か月前のヘーゲルの時代に対する感覚は，プロイセン国家の中で歴史が完成したという意識とは程遠いものであった。それは，主体的な決断によって生きられる危機にみちた本来の歴史がいま始まったという緊張感に満ちたものであった。

第4章5では，新世界である北米（現在のアメリカ合州国）をヘーゲルは「未来の国」として，その発展を慎重に見極めようとする姿勢をとっていたことを論じる。ここからもヘーゲル歴史哲学は「哲学体系の中で歴史を終わらせた」のではなく，未来へ開いていたことがわかる。

第5章は自由の意識の歴史的発展は法の歴史として展開されるべきであったが，これをヘーゲルは怠ったことを論じる。世界史の哲学は諸国家の関係と興亡の歴史として展開されたが，諸国家間の関係（国際関係）は，さまざまなかけ引きや裏切り，しばしば暴力と戦争もが支配する自然状態である。この野蛮な国家興亡史は，自由の意識の発展を論証する場としてはもっともふさわしくない舞台設定である。むしろ自由の意識の発展は理性的な法の発展の歴史として語られるべきであった。この点をローマ法から近

代の立憲主義，現代の国際法，国連改革までたどって考えてみたい。「法の支配」の確立は今日の混迷する危機的状況の中で喫緊の課題でもある。

　第6章は，世界史の哲学と歴史性の哲学との関係を考察する。ディルタイ，ハイデッガー，ヤスパースなどによって20世紀に歴史性の哲学が盛んになるが[8]，「歴史性（歴史的であること）Geschichtlichkeit」という語は実はヘーゲルの造語である。ヘーゲルは20世紀の歴史性の哲学を先取りする形でこのテーマを見いだしたが，それを十分に仕上げることを怠った。代わりに「世界史の哲学」を講じた。ヘーゲル歴史哲学への批判もこれと関わる。ヘーゲルが発見した「歴史性」とはいかなるものであったかを考察して，ヘーゲル歴史哲学の中の大きな欠落を確認し，「歴史性の哲学」の可能性について考えたい。

---

8)　渡邊二郎『歴史の哲学——現代の思想的状況』講談社学術文庫，1999年でこれが概観できる。

目　　次

ヘーゲル歴史哲学の実像に迫る

── 新資料に基づくヘーゲル像の刷新 ──

第1章
「世界史の哲学」とは何か
——最初の序論構想——

　1822 年秋に開講された最初の「世界史の哲学」講義の序論の構成は，ホトーの講義録によれば，表1のようになっている[1]。

表1　「世界史の哲学」講義（1822/23 年冬学期）序論の構成

講義全体の序論　Allgemeine Einleitung
1　素朴な歴史　Die ursprüngliche Geschichte
2　反省的な歴史　Die reflektirte Geschichte
3　哲学的な世界史　Die philosophische Weltgeschichte
区分 Eintheilung

　序論は，まず通常の歴史叙述の様式を考察した上で，世界史の哲学的考察の特徴を浮き上がらせる。次に，世界史を区分して，本論の考察の順番を明らかにする。

1　歴史考察の3様式

　まず，「世界史の通常の取り扱い方」として，素朴な歴

---

1)　GW.27,1, Inhaltsverzeichnis.

史叙述[2]と反省的な歴史叙述を取り上げ，それに対比する形で，哲学的な世界史を講じた。哲学的な世界史を解説する中で，なし崩し的に，「世界史の哲学」の理念と思想の説明へと移行していった。アカデミー版全集に先行した講義録シリーズ第 12 巻[3]の目次は，このいびつさ（バランスの悪さ）を表 2 のようにきれいに整理していた。

表 2　講義録シリーズ第 12 巻（V.12）目次

世界史の概念
歴史の取り扱い方
1　素朴な歴史
2　反省的歴史
3　哲学的な世界史
人間の自由の理念
国家の本性
世界史の区分

　『歴史哲学講義』旧版では，序論の冒頭で歴史の取り扱い方の 3 様式が出てくるため，序論の重要なテーマという印象がもたれている。しかしながら 22/23 年に開講され

　2）　Die ursprüngliche Geschichte は「根本的歴史，資料的歴史」（武市訳），「原初的な歴史」（伊坂訳），「事実そのままの歴史」（長谷川訳），「本来的な歴史」などさまざまな訳語があるが，根本的，本来的というよりも，原初的，資料的という意味に近い。ここでは「素朴な歴史」と訳す。

　3）　アカデミー版全集に先行して公刊された講義録シリーズ第 12 巻 Hegel, *Vorlesungen ber die Philosophie der Weltgeschichte*. Hrsg. von K. H. Ilting, K. Brehmer, u. H. N. Seelmann. Hamburg 1996.『世界史の哲学講義』伊坂青司訳，講談社学術文庫，2018 年。以下伊坂訳と略記。

た最初の講義は，「世界史の哲学」の理念をいきなり語り始める前に，まず世界史の通常の取り扱い方をあげて，それと対照して「世界史の哲学」の理念を語ろうとした。このことが講義録から読み取れる。ヘーゲルにとって歴史考察と叙述の3様式への類別は不可欠なテーマではなかった。24/25年講義では，「実用的歴史」についてのみ，これはまだ「哲学的概念を満たさない」と軽く批判しただけで[4]，他の歴史叙述様式には触れていない。26/27年講義では，歴史考察の3種類にまったく言及していない。28/29年の講義録は残っていないが，講義準備のために執筆した序論草稿が残っており，そこで詳しく書かれているので[5]，実際に講述されたと思われる。『歴史哲学講義』旧版はこの草稿を主に採用している。30/31年講義は歴史考察について深めているが（第2章），3様式について言及していない。まとめると，歴史の取り扱い方の3様式は22/23年と28/29年の講義でのみ講述された。

22/23年講義の中では，反省的な歴史がさらに表3のように4つに分類されている。

表3　1822/23年講義：歴史の取り扱い方の3様式

1　素朴な歴史
2　反省的な歴史
1）通史的な概観，2）実用的な歴史，3）批判的な歴史， 　4）普遍的ではあるが抽象的な歴史
3　哲学的な世界史

---

4)　GW.27,2.470.

5)　GW.18.121-137. 松田純訳，全集16.114-128.

反省的な歴史の 1)-4) の 4 つのうち，28/29 年講義のための自筆草稿は，2) の実用的な歴史までを含んでいる。この草稿はもともと 22/23 年の草稿を書き写しながら改稿したものであるため，この草稿の内容も含めて，次に歴史様式の 3 種類のそれぞれについて解説する。

1) 素朴な歴史は，例えばヘロドトス，トゥキュディデスなどの歴史叙述家があげられているように，直接見聞・体験し，その中で自身も生き抜いた行動や出来事や状況を叙述し報告した歴史書である。ただし彼らが記述したものはけっして事実そのものではないことをヘーゲルは指摘している。

> 彼らは行為の結果や出来事について報告をまとめるが，それは，単にこれまでに起こったこと，外面的に現存したことを精神的な表象の国 das Reich der geistigen Vorstellung へと移し，それらの出来事を精神的な表象のために加工する。以前には，ある存在したものが，いまでは精神的なもの，表象されたものとなっている。それは，ちょうど詩人が，例えば自身の情感のなかにもつ素材を，感覚的表象のために加工するのに似ている。……歴史家は，現実にはすでに過ぎ去ってしまい主観的で偶然的な記憶の中にちりぢりになってしまったものを，一つの全体へと構成し componiert，それを記憶の女神ムネーモシュネーの殿堂へと書きつけ，それに不滅の持続性を与える[6]。

6) GW.18.122f, 全集 16.115.

6

　歴史家は単なる出来事を「表象の作品 ein Werk der Vorstellung へと改造する」[7]。歴史は，目の前に見出されたものではない。歴史は，歴史的な意識によって，歴史として構成される kostituiert のである。こうした構成作用なしに存在するのは，単に起こってしまった出来事にすぎず，「歴史」ではない。客観的な歴史として示されるものは，それ自身主観的な表象の作品である[8]。

　素朴な歴史の「内容の範囲は広くはない。彼ら自身の体験の中で生き生きとしてあり，人々の現在の利害関心であるもの，彼らの身の周りに生き生きと現在するもの，それが彼らの本質的な素材である」[9]。素朴な歴史は短い期間のみを捉える。これに対して，「全体を概観したいという要求」が生じると，過去から現在にわたって通史的に要約した概説が必要になり，第2の叙述である反省的な歴史が現れる[10]。

　2）　反省的歴史は，歴史叙述家自身にとって現在するものを叙述するだけではなく，反省（内省）と思慮をもって，「どのようにして歴史を書かなければならないか」を強く意識して，過去から現在へのつながりを捉えようとする。素朴な歴史書が伝える過去の出来事が素材となるが，その歴史的素材の加工が主な仕事になる。こうして「一国の歴史全体，あるいは全世界の歴史全体の概観」が描か

7）　GW.18.124, 全集 16.116.

8）　Jaeschke, *Hegel Handbuch*, S.406f.『ヘーゲル　ハンドブック』p.512.

9）　GW.18.124, 全集 16.116.

10）　GW.18.129, 全集 16.120.

れる[11]。これが反省的歴史の第一の様式，通史的な概観である。リウィウス（Titus Livius, 前 59 頃 - 後 17 頃）『ローマ建国以来の歴史』[12]（後 17 年頃）やヨハネス・フォン・ミュラー（Johann Helfrich von Müller , 1746-1830）『スイス連邦史』（1786-1808 年）がその例としてあげられている。

　次に，反省的な歴史の第 2 の形態として実用的な歴史叙述があげられている。これは 28/29 年草稿では「最悪の手法」とされている[13]。行為主体の動機を心理学的に追求し，「時代から時代へと道徳的に切込んで，出来事と個人の側面をつく」。歴史物語から敬虔なキリスト教的な反省を目覚めさせ，教訓的な呼びかけと教えを挿入したりする[14]。

　3）哲学的な歴史は 22/23 年の講義録によると，歴史の中の普遍的なものを捉えようとする点では，反省的歴史と共通するが，「具体的で普遍的なもの」を捉えることを目指す[15]。具体的に普遍的なものとは，歴史を貫く「精神」のことである。この「精神」とはもちろんヘーゲル的な意味での「精神」である。精神は絶えず自分自身のもとにあるのだから，単に過ぎ去った過去ではなく，過去から連綿と続いてい現在にある。そのように世界精神の総体性を捉えることを目指す[16]。哲学的歴史とは，ヘーゲルが自身の「世界史の哲学」講義の中で目指す哲学的に把握された

　11）　GW.18.130, 全集 16.120-121.

　12）　リウィウス『ローマ建国以来の歴史』1-6,9. 岩谷智・毛利晶・安井萠ほか訳，京都大学学術出版会，2008-20 年．

　13）　GW.18.135. 全集 16.126.

　14）　GW.18.135. 全集 16.126.

　15）　GW.27,1.14. 伊坂訳，上 36.

　16）　GW.27,1.16.Anm. 伊坂訳，上 39.

歴史である。

　22/23 年と28/29 年の学期以外の序論は歴史叙述の3様式を主題化しなかった。だが，歴史を哲学的に捉えるとはどういうことかを明らかにすることが序論の中心的な課題であったことに変わりはない。ヘーゲルはこの課題を深めるために，30/31 年の講義を序論部分に限定して講義しようと計画した（28 頁）。その序論草稿の中で，ドイツ語の「歴史 Geschichte」という語には，「なされたこと res gestate」そのものと「なされたことの物語 historia rerum gestratum」という二重の意味があると述べている。歴史や歴史叙述にとってもっとも重要な点はここにある。30/31 年草稿はドイツ語の「歴史 Geschichte」の二重の意味をこう説明している。

　　ドイツ語の歴史 Geschichte という語は，客観的な面と主観的な面とを，つまり「なされたこと res gestate」そのものという意味と「なされたことの物語 historia rerum gestratum」という意味を合わせもっている。起こったこと，なされたこと，出来事そのものと，本来それとは区別される歴史物語という二面を合わせもっている。この二つの意味の結合には，外面的な偶然以上の性質があると見なければならない[17]。

　　17）　GW.18.192. 全集 16.179. カール・レーヴィットも「歴史の意味について」の中でヘーゲルのこの区別に関連して，次のように述べている。「われわれはドイツ語で Geschichte と Historie を区別する。その際，Geschichte の語は事が起ることを思い出させるが，それに反して，Historie は，調べられた出来事の探求と報告を表わすギリシャ語由来の

ヘーゲルの「歴史の形而上学」に対して歴史＝物語り論[18]を対置することがモードになってきたが，ヘーゲル自身がすでに歴史は物語りであるとしっかり認識していた。

2　試行錯誤する構造化

22/23 年講義は歴史の取り扱い方の第 3 として，「哲学的な世界史」を解説しながら，なし崩し的に「世界史の哲学」の理念の講述に入っていった。そのうち表 2（4 頁）の「人間の自由の理念」[19]と表 4 の「国家の本性」[20]の 1 については，その後の学期でも繰り返し深められていく。とりわけ 30/31 年講義のための自筆草稿で深められ入念に仕上げられているので，そこでまとめて扱うことにする。本章では，22/23 年講義の特徴が表れている「国家の本性」[21]の 2（表 4〔新しい構想〕の 2）と世界史の「区分」[22]（表 1）を取り上げる。

語である。……歴史 Historie はギリシャ語では，1 つの動詞概念であって，単に，調べること，知ること，知っていること，探知されたものを報告することを意味する」（カール・レヴィット『ある反時代的考察──人間・世界・歴史を見つめて』中村啓・永沼更始郎訳，法政大学出版局，1992 年，p.368）。

18）　野家啓一氏は「物語行為は過去の出来事や行為に『構成的に』関与している」と的確に表現している。『物語の哲学』岩波現代文庫，2005 年，p.105. 鹿島徹「ヘーゲル哲学における歴史時間の基礎づけ」『社会科学討究』第 113 号，1998 年にも同趣旨の指摘がある。

19）　GW.27,1.22. 伊坂訳，上 48f.

20）　GW.27,1.61. 伊坂訳，上 110f.

21）　GW.27,1.61. 伊坂訳，上 110f.

22）　GW.27,1.95ff. 伊坂訳，上 165f.

2　試行錯誤する構造化

表4　1822/23 年講義序論　後半の構成

国家の本性
〔初めの構想〕

序　国家の本性－国家にとって肝要なことは何か，国家とは何か

1　国家体制の本質的な規定

2　宗教，芸術，学の圏域と国家との連関

〔実際の講述〕

序　国家の本性

1　国家体制の本質的な規定

2　国家体制の区別とそれにもとづく世界史の区分

　(1) 国家体制の区別

　　①堅牢な統一②ゆるんだ統一→③もろもろの圏域〔中間団体〕が自由でありながら普遍的な統一を保った状態

　(2) 国家体制の形態に基づく世界史の区分

　　①族長的王国（オリエント）→②貴族制または民主制（ギリシャ・ローマ）→③第2の君主制〔立憲君主制〕（近代ヨーロッパ，ゲルマン）

〔新しい構想〕

　序　国家の本性

1　国家体制の本質的な規定

2　国家の3つの側面

　(1) 宗教，芸術，学という圏域と国家との関連

　(2) 欲求に関わる有限性の内容

　(3) 国家の自然的な側面，気候風土〔地理的基礎〕

　　①気候の影響はあるが，これをあまり高く評価しすぎてはならない

　　②寒帯も熱帯も世界史的な国民を生まない

　　③北半球の温帯地方が世界という劇場の舞台をなす

　　④旧世界と新世界との区別——新世界とくにアメリカは生成途上の未来の国

　　⑤地理的区別——高原，峡谷，平野

　　⑥旧世界——三大陸（アフリカ，アジア，ヨーロッパ）の地理的特徴と精神の性格

　　⑦世界史は南東に昇り，北西に向かって自分のなかへ沈む

　　⑧諸国民は地理的な位置と連関した特定の性格をもつ

11

　世界史の哲学はまだ教科書がない講義であった。また，すでに「歴史哲学」という言葉はヴォルテール（François-Marie Arouet, 1694-1778）の『歴史哲学 *La Philosophie de l'histoire*』1765 年[23]やヘルダー（Johann Gottfried von Herder, 1744-1803）の『人間性形成のための歴史哲学異説 *Auch eine Philosophie der Geschichte zur Bildung der Menschheit*』1774 年[24]などで，すでに一般的になっていたけれども，大学の講義科目として確立していたわけではなかった[25]。表 4 を見てわかるように，初回講義の構成は講義の展開の中で刻々と変化していった。試行錯誤しながら序論が講述されていったことがうかがわれる。

　「国家の本性」の初めに構想したことは，実際の講述[26]の中でずれていった。国家体制の区別とそれに基づく世界史の区分にまで言及したためである（表 4〔実際の講述〕の2）。これは本来「世界史の区分」（表 2 参照）で詳述すべきものを，ここで先取りした形になっている。そこでヘーゲルはもとの計画に戻って，「芸術，宗教，学の圏域と国家との連関」を論じようとした（表 4〔新しい構想〕(1)）。ところが，ここでまた新しい区分を提起している[27]。表 4 の〔新しい構想〕「2　国家の 3 つの側面」を取り出す。

　23)　ヴォルテール『歴史哲学——『諸国民の風俗と精神について』序論』安斎和雄訳，法政大学出版局，1989 年。
　24)　「人間性形成のための歴史哲学異説」小栗浩・七字慶紀訳，『世界の名著 続7　ヘルダー・ゲーテ』中央公論社，1975 年。
　25)　Jaeschke, *Hegel Handbuch*, S.401.『ヘーゲル　ハンドブック』p.507.
　26)　GW,27,1.61-69. 伊坂訳，上 110-123.
　27)　GW,27,1.69. 伊坂訳，上 123-124.

表5 国家の3つの側面

1	端的に普遍的で無限なもの（芸術，宗教，学の圏域）
2	欲求に関わる有限性の領域（習俗，習慣，道具，武器，法律，私的権利，哲学以外の諸学）
3	国家の自然的な側面（風土と土地）

〔初めの構想〕では，「国家体制の本質的な規定」に続く「第2に」扱うつもりだった「芸術，宗教，学の圏域と国家との連関」は，〔新しい構想〕では，国家の3つの側面の（1）として位置づけ直される。このような目まぐるしい変化の詳細には立ち入らず，3についてのみ注目して次に述べる。

3 地理的区分と時代的区分との交錯

これまで旧版で「世界史の地理的基礎」として知られていた講述は，その位置づけについての理解が明確ではなかった。そもそも「精神の哲学者」ヘーゲルには異質な面という受けとめ方もある。この異質な面をも包含している点に，思想家としての懐の深さを評価する見方もある。旧版ではその位置づけが明確でなかった風土論は，その最初の発想では，国家の第3の自然的な面として位置づけられていたことが22/23年の講義録で明らかになった。

ここには実にさまざまな区別が出てくる。まず旧世界と新世界（アメリカ，オーストラリアなど）が区別され，旧世界が3大陸（アフリカ，アジア，ヨーロッパ）に区分される。次に地形的な特徴が高原，峡谷，平野の3つに区別され

る。この区別はカール・リッター（Carl Ritter, 1779-1859）の『人間の本性と歴史との関係における地理学 *Erdkunde im Verhältnis zur Natur und zur Geschichte des Menschen*』1817/18 年のものとヘーゲルは述べている[28]。旧世界の 3 大陸をこの 3 つの地形的特徴に即して区別し，それぞれの地域の地理的特徴と精神的な性格（風土論的特徴）が詳述されていく。一見いろいろな区別が錯綜しているように見えるが，論述の基本線は次のようなものと理解できる。

まず，アメリカが生成途上の「未来の国 ein Land der Zukunft」[29] として歴史の対象からはずされる。「未来の国」アメリカの存在は，ヘーゲルが 19 世紀プロイセン国家の中に歴史を終わらせたという俗説に根拠がないことを示している。これについては第 4 章 5 で改めて扱う。

アフリカは 3 つの地域に分けられ，南部の逆三角形部分が「本来のアフリカ」[30] である。これはまだ「閉ざされていて」「歴史の中に入ってきていない」とされ，歴史以前として対象からはずされる。アフリカの地中海沿岸部のうち，エジプト以外の部分はヨーロッパ史の一部に属する。結局アフリカの中で独自の歴史的位置を占めるのはエジプトだけとなる。宗教哲学講義では，アフリカなどの呪術宗教が最も素朴な宗教として宗教の歴史（第 2 部　規定された宗教）の始まりに置かれたが[31]，世界史の哲学講義では，国家を形成した国民が歴史に登場するという考えから，明

28）　GW,27,1.82. 伊坂訳，上 142.
29）　GW,27,1.80. 伊坂訳，上 139.
30）　GW,27,1.83. 伊坂訳，上 144.
31）　『宗教哲学講義』山﨑純訳，講談社学術文庫，p.233-240。

確な国家形成に達していないアフリカが歴史からはずされた。

　空間的・地理的に見て，アメリカに代表される新世界と，本来のアフリカとが考察の対象からはずされ，エジプト，アジア，ヨーロッパが「世界史の地理的な連関（der geographische Zusammenhang der Weltgeschichte）」[32] をなすとされる。このように世界史的考察の対象範囲が空間的に切り取られる。その上で，「世界史は南東に昇り，北西に向かって自分の中に没する」とされる。これを時間軸で配列したのが，「世界史の区分」の４時代である（表6)[33]。

表6　世界史の区分

1	幼年時代（極東とくに中国)	家族関係にもとづく，対立のない国家
2	少年時代（中央アジア)	対立抗争しあう国家。個体的な原理への予感
3	青年時代（ギリシャ)	個体的な人格性と共同倫理的な統一をあわせもつ美しき自由の国
	壮年時代（ローマ)	個体性が普遍性の犠牲となって没落する
4	老年時代（ゲルマン)	変化の頂点に立つ完全に成熟した精神
		世俗と精神（国家と教会）との対立を克服する三段階の歴史
		(1) 実体的な直接的な共同倫理
		(2) 主観性と抽象的な普遍性との対立
		(3) 主観性と普遍性との統一

　アジアからゲルマンまでの世界史の４段階を，幼年期，少年期，青年期，壮年期，老年期としている。世界史に

32）　GW,27,1.90. 伊坂訳，上 157 ただし，V.12.106 では「世界史の地理的な 3 区分 die geographische Dreiteilung der Weltgeschichte」となっている。

33）　GW,27,1.90. 伊坂訳，上 157.

人生航路を重ねるのはヘーゲルの独創ではなく古くからある。キケロは『老年論』の中で「私たちの祖先は生まれてから初老に達するまでの期間を 46 年とみなした」と述べているが，古代ローマではおおよそ次のような年齢区分があった。1-16 歳：少年，17-30 歳：青年 ,31-45 歳：壮年 ,46-60 歳：初老，61 歳 - ：老年（青年と壮年の区分は時に異なる）[34]。中世最初の百科事典，イシドールス（San Isidoro de Sevilla, 560-636）の『語源 *Etymologiae*』でも，人生の 6 段階があげられている。幼年期（infantia），少年期（pueritia），青年期（adolescentia），成年期（juventus），壮年期（gravitas），老年期（senectus）である[35]。

　アウグスティヌス（Aurelius Augustinus, 354-430）は『神の国』（426 年）の中で，神の国の起源，経過，終局の 3 段階があるだけではなく，中間の経過の部分を創造の 6 日に等しく 6 時代に分けた。第 1 期アダムから洪水まで，第 2 期アブラハムまで，第 3 期ダビデまで，第 4 期バビロン捕囚まで，第 5 期キリストの誕生まで，第 6 期キリストの誕生からこんにち（アウグスティヌスの時代）までという時代の分節である。その 6 時代を，幼年期，少年期，青年前期，青年後期，壮年期，老年期に対応するとした[36]。

　34）　キケロ『老年の豊かさについて』八木誠一・八木綾子訳，法蔵館，1999 年，p.69f.

　35）　イシドルス『語源』XI. 2. 1-13「人間の一生について」西牟田祐樹訳 https://incognito0.hatenablog.com/entry/2022/03/13/190327

　36）　アウグスティヌス『神の国』第 16 巻 43 章，アウグスティヌス著作集，第 14 巻，大島春子・岡野昌雄訳，教文館，1980 年，p.193f.，『神の国』第 22 巻 30 章，同著作集第 15 巻，松田禎二・岡野昌雄・泉治

　近代では，ヘルダーが『人間性形成のための歴史哲学異説』の中で，エジプトなどのオリエントを幼年期，フェニキアを少年期，ギリシャを青年期としている[37]。

　表6の区分を『法哲学』末尾の「世界史」と比較すると，オリエントが1と2に分かれ，ギリシャとローマが3にくくられている点が異なる。12頁で述べたように，「国家の本性」の講述の中で，国家体制の区別に基づく世界史の区分にまで言及したところで，全世界史が，族長的王国→（個別性・特殊性の出現）→貴族制ないしは民主制→第2の王国，〔立憲〕君主制へと区分されていた（表7）[38]。

表7　国家体制の区別にもとづく世界史の区分

1	オリエントの国々	普遍性が堅牢な不可分な実体的な統一のなかにあらわれる。
2	ギリシャとローマの国	全盛時に（それらの国が世界史的意義が展開した時点で）貴族制と民主制とに分解した。
3	近代ヨーロッパ世界	第二の君主制〔立憲君主制〕
	すなわちゲルマンの国々	特殊な圏域〔中間団体〕が全体を危険にさらすことなく自由に振る舞い，むしろ特殊性の活動が全体を産出する。理念がみずからの区別項に能力を発揮する自由を与え，しかもそれらを統一へと取り戻す過程

　実体的な統一から発して，個別化・対立を経て，個別的領域の自立の上にたつ普遍的な調和。このいかにもヘーゲ

典訳，1983年，p.379f.，『真の宗教』第4部26f. 同著作集，第2巻，茂泉昭男訳，1979年，p.332f. アウグスティヌスの歴史神学と時代の分節との関係については金子晴勇先生よりご教授を賜った。金子晴勇『アウグスティヌス『神の国』を読む』教文館，2019年参照。

　37）　ヘルダー，前掲訳，p.80-108.
　38）　GW,27,1.67.　伊坂訳，上121-123.

ル的な概念の弁証法に，族長的王国（オリエント）→貴族
制・民主制（ギリシャ・ローマ）→第二の王国としての立
憲君主制（ゲルマン）という政体論的な展開が重ねられて
いる。

> あらゆる国家，あらゆる王国がこれらの形態を経め
> ぐってきたのをわれわれは見ている。それゆえ，全世
> 界史がこれらの形態によって区分される。……こうし
> た状態を世界史は経過してきた。……全体として，世
> 界史の中にこの同じ進展が見られる[39]。

　世界史は，族長的王国から貴族制や民主制を経て立憲君
主制へと発展するという 3 段階での発想が見られる。
　世界史の哲学は教科書のない講義であったため自由に変
更が可能だった。ただし世界史が『エンツュクロペディー』
の体系の中では，客観的精神の末尾すなわち国家の末尾に
位置することはハイデルベルク時代の『エンツュクロペ
ディー』1817 年ですでに決定していた[40]（113 頁表 1）。さ
らに世界史がオリエント，ギリシャ，ローマ，ゲルマンの
4 つの国として区分されることは 1817/18 年の「自然法と
国家学」講義で定まっていた[41]。1820 年の『法哲学』はこ
の 2 点を教科書として追認した。以後，体系の中での世界

39）　GW,27,1. 68　伊坂訳，上 121.
40）　GW,13. § 448-452　全集 11.323f.
41）　GW,26,1. § 165-170. ヘーゲル『自然法と国家学講義　ハイデ
ルベルク大学 1817・18 年』高柳良治監訳，法政大学出版局，2007 年,
p.280-287。

18

史の位置と4つの国の区分は最後まで変わらない。22/23
学期の講義もこの基本枠を維持しつつも，さまざまなバリ
エーションを織り交ぜながら展開していったことが見てと
れる。

4　自然風土的要素の位置づけに見られる揺れ

　もしも自然風土論的な視点を排して，概念の弁証法によ
る展開で一貫しているなら，それなりの整合性が保たれた
であろう。「国家の自然的な側面」の項の冒頭でヘーゲル
はこう断っていた。

　　歴史はたしかに自然性の地盤で営まれるが，自然性は
　　一面にすぎない。もっと高次の面は精神の側面であ
　　る。それゆえ，自然面をなす気候は個々人にまでは及
　　ばない。だからイオニアの温和な空をホメロスに結び
　　つけるのを聞くと退屈する[42]。

　このように自然風土に消極的な意義しか与えなかったの
に，実際の講述は風土論にかなりの時間をさいている。旧
世界の3大陸を地理的に考察しおえたあとで，一方で「人
間は自然による規定を超えなければならない」としなが
ら，他方で「自然との連関こそが精神である」とも述べて
いる。ヨーロッパについてこう述べる。

---

42)　GW,27,1. 77. 伊坂訳，上135.

　ヨーロッパの自然には〔ヨーロッパの内部を区分する〕個別化する自然類型はあらわれない。むしろここでは自然の形式は他の形式によって無力にされている。土地はここでは自然の威力からの自由をもたらす。ここでは普遍的な人間があらわれることができる。……ヨーロッパ人は自然の側面からすでに解放された存在である[43]。

　ヨーロッパについては自然的な規定は重要ではないかのようである。ところがこれとは逆に「ヨーロッパにとって，まさに海との関係は重要である」として，まるで海という自然がヨーロッパの自由を育んだかのような主張がなされる。

　海には〈超え出る Hinaus〉という要素がある。それはアジアの生活には欠けたものである。海は生業の狭い範囲への埋没から人々を解放する。しかし，海には危険がつきものだから，勇気が必要とされる。そこから個体の自立性という独自の意識が生じてくる。それは生業の中では囚われていた自由である。勇気は本質的に分別と結びつく。船というこの白鳥は，大胆な分別に最大の栄誉を与える道具である。分別の大胆さは，アジアの共同倫理的生活の壮麗な建造物には欠けているものである。海の上でも生業はあるが，しかし，個々人はここ〔ヨーロッパ〕では解放され，生活

---

43)　GW.27,1.93. 伊坂訳，上 161f.

の中で自由である[44]。

　自然による規定は超えられなければならないが，海という自然には〈超え出る Hinaus〉ことを促すものがある。勇気という徳や分別・知性を活性化させ，個々の生業を超えさせるものもある。つまり，自然による規定を〈超え出る〉ことが，海という自然によって規定されている。このように，「自然はきわめてわずかな影響しか与えない」と言いつつ，実際は自然的要素がかなり重視されていた。

　22/23 年の序論には，先に示した基本線以外にも，いくつかの区分や段階が出てくる。例えば，次の区分は他ではみられないものとして注目したい[45]。

表 8　空間的に併存する 3 区分

1	東アジア（モンゴル，中国，インド）の原理
2	イスラーム世界 die Mahomedanische Welt の絶対的対立の原理
3	キリスト教世界，西ヨーロッパ世界：その最高原理は，精神がみずからの深みを知るということ

　この 3 区分は時間的な発展段階ではなく空間的に併存する区分だと明言されている。「精神的な諸形態は時間に属する」としながら，他方で，時間の中で消え行く偶然は「外的な必然性」にすぎず，「哲学的な歴史はあらゆる偶然的なものを遠ざけ，あらゆるものを概念から創造されたものとして認識する」と言う。必然性を認識する哲学的立場から，表 8 の 3 つの世界は「みずからの必然性を概

　44）　GW.27,1.94f. の要約。伊坂訳，上 163f. ただし記述は GW27,1とは若干異なる。

　45）　GW.27,1.35. 伊坂訳，上 67.

念の中にもっていて」「空間の中にしぶとく併存している（perennierend nebeneinander im Raum stehen）」と言う[46]。

　ヘーゲルの世界史の段階が実は地理的な区分ではないのかという問題は，このように最初の講義から存在していた。宗教哲学講義の宗教史では，1821 年には論理学の 3 部構成，24 年には神の存在証明の型という図式に当てはめようとしていたため，地理的類型論は 27 年の途中からやっと出てきて，31 年に初めて前面に出てくる[47]。ところが「世界史の哲学」では，すでに 22/23 年から地理的類型論が主題化されていた。この違いは，宗教という精神的なものの歴史を扱う場合と，世界史という世俗的なものの歴史を扱う場合との違いからきている。時間軸の発展系列と空間的な類型論とが交錯している。これがヘーゲルの世界史像をわかりにくいものにしている。混乱の原因はどこにあるのか。

　（1）まず，自然は歴史をもたないとしながら，自然に埋没しているアジアを歴史の中に組み込もうとしたことが，すでに困難をもたらしている。「自然における変化は循環であり，いつも同じものの繰り返しである。自然の中では，どんな変化によっても新しいものは生じない」[48]とヘーゲルは言う。であるならば，歴史以前のアフリカとともにアジアも歴史から除外すればそれなりの整合性が保たれたかもしれない。しかし，これでは単なるヨーロッパ史

46）　GW.27,1.35. 伊坂訳，上 67.

47）　山崎純『神と国家　ヘーゲル宗教哲学』創文社，1995 年，第 3 章第 3 節参照。

48）　GW.27,1.34. 伊坂訳，上 65.

となって，世界史にならない。すでにヴォルテールの『歴史哲学』（1765 年）は中国，インド，イスラームなどの非ヨーロッパ世界をも扱っていた。

（2）より根本的な原因は，「歴史＝諸民族，諸国家の歴史」としてしまったことにある。世界史の舞台を国家の興亡史に設定した上で，歴史の主体である国家の中の自然的要素（風土）に注目し，これに深入りしたことから，混乱が広がっていったように思われる。

時間軸と空間軸との交錯については，もっと単純な理由をあげることができる。そもそも時空を旅する世界史というのはヘロドトス以来の歴史叙述の基本的なスタイルであった。ギリシャ人の歴史叙述は地理学的な意味での世界全体を知ろうとする関心に根ざしていた。ポリス滅亡ののち歴史叙述は大帝国の興亡史へと向かう。ローマ帝国の中で世界史全体を一貫した連関の中で一望しようとする普遍史の構想がめばえる。世界史を帝国の興亡史と捉え，世界史は東方に始まり西へと移動しヨーロッパの限界に達するとする帝国継起史観。それを「四つの国」の交替として捉える四大帝国説。これらはいずれもヘレニズム時代に彫琢され中世に引き継がれたものである[49]。ヘーゲル歴史哲学の特徴としてあげられる要素はその多くが伝統的な歴史叙述の作法だった。そのことを次に詳しく見ていく。

---

49) 藤縄謙三『歴史学の起源——ギリシャ人と歴史』力富書房，1983 年参照。

5 ヘーゲルの歴史モデルの由来

　ヘーゲルが描く歴史モデルには，青年時代から晩年まで，実にさまざまな型が登場してくる。けれども，国家史としての世界史に関しては，ハイデルベルク時代から晩年まで，四段階説で驚くほど安定している。ハイデルベルク大学における 1817/18 年の「自然法と国家学」講義の末尾では，「世界史には，1 オリエント的　2 ギリシャ的　3 ローマ的　4 ゲルマン的という 4 つの国があった」[50] と講述している。『法哲学』（1820 年）もそれを踏襲している（§354-358）。その後の「自然法と国家学」講義においても，この 4 段階は不動である。ここには，ヨーロッパの歴史叙述において有力であった 4 帝国説の影響がある。

　4 帝国説の基本にある帝国継起史観の歴史を振り返ってみる。前 19- 前 2 年の間に執筆されたと推定されるポンペイウス・トログス（Pompeius Trogus，前 1 世紀）の『ピリッポス史』全 44 巻は，世界史を，東方に始まり，遠征などによって次第に西へと拡がり，ヨーロッパの限界（ヒスパニア）に達するものとして描いている。その経過は，帝国支配権の移行に重点を置く帝国継起史観を基本にしている。これはトログスの独創というよりも，ヘロドトス以来のギリシャ歴史学の成果をつぎはぎした成果であった。

　トログスの歴史書は失われたが，3 世紀頃，ユスティヌ

　50）　ヘーゲル『自然法と国家学講義　ハイデルベルク大学 1817・18 年』p.280。

ス（Marcus Junianus Justinus ローマの歴史家）の手になる抄録[51]が伝えられた。これがアウグスティヌスなど，キリスト教的歴史観の形成に重要な役割を果たした人々に読まれた。中世に入ってもこの抄録の写本は広く普及した。1470 年のラテン語版の初公刊ののち，各国語の翻訳が刊行され，18 世紀にはほとんど毎年ヨーロッパのどこかの国で出版されていた。この歴史書がヨーロッパ人の伝統的な歴史像の形成に最も大きな寄与をしたと言われている。とくに，「帝国の遷移」説はダニエル書（2 章 37 以下）の4 帝国説とも結びついて受け継がれた。トログスによる世界史の描写「手法は，ヘロドトスを始祖とするギリシア人の歴史学の正統に属するもの」である[52]。

　ヘーゲルとの関係で重要なのは，18 世紀から 19 世紀への転換期に，ギリシャ起源の普遍史叙述がドイツで復活したことである。とくにベルリン大学の同僚，ニーブール（B.G.Niebuhr, 1776-1831）は 1810-12 年にベルリン大学でローマ史を講じ，『ローマ史』を公刊した（1811 年）。25 年以降これをボン大学で継続し，29/30 年冬学期，30 年夏学期に「ユスティヌスの刊本に基づく古代史」を講じている[53]。ヘーゲルの「世界史の哲学」講義はこうした普遍史としての世界史の復活の気運の中で講じられた。このような状況を背景にして，伝統的な歴史叙述の次のような基本

---

51)　ポンペイウス・トログス／ユニアヌス・ユスティヌス抄録『地中海世界史』合阪學訳，京都大学学術出版会，1998 年。

52)　前掲書訳者解説，p.481 頁。

53)　同解説を参照した。

要素が，ヘーゲルの歴史哲学の中に流れ込んでいる[54]。

① 普遍史の構想

② 没落史観

③ 帝国継起史観

④ 時空の十字路としての世界史（歴史と地理の総合）

⑤ 東から西へと移っていく世界史

これまでの一般的な見方は，ギリシャ的な円環的歴史がキリスト教的な不可逆の直線的な歴史へと転換し，キリスト教的な歴史神学（アウグスティヌスの『神の国』）を世俗化したのがヘーゲル歴史哲学だというものであった[55]。しかし，ヘロドトス以来のヨーロッパの歴史叙述の歴史をたどってみると，古代ギリシャ人の歴史叙述は早くもローマ時代にキリスト教的な歴史叙述と融合して，一つのスタイルが出来あがっていた。これまでヘーゲルの世界史の哲学の独創のように見られていた構造は，じつは，その多くがヨーロッパの歴史叙述の基本的なスタイルであった。一般の理解に反して，ヘーゲルの歴史哲学はキリスト教的な歴

---

54)　ここまでの叙述は藤縄謙三，前掲書，合阪學「没落観念と普遍史叙述——ポリュビオスからポムペイウス・トロ - グスへ」『西洋史学』128 号，1982 年を参照した。

55)　レーヴィットも次のような理解を示している。「進歩的であるのはキリスト後のあらゆる教養である。というのは，その教養がアグスティヌスの神の国への前進からヘーゲルの「自由の意識における進歩」に至るまで，またマルクスの地上の自由の国の期待に至るまで，歴史の神学を前進しながら世俗化したからだ」（「歴史の意味について」前掲注17）訳，p.365）。Karl Löwith, Sämtliche Schriften. Bd. 1. *Weltgeschichte und Heilsgeschehen*. Stuttgart, 1983. S.67-69. カール・レーヴィット『世界史と救済史』信太正三訳，創文社，1964 年，p.75-77, にも同趣旨の理解が示されている。

史神学に範をとっているのではなく，ギリシャ以来の伝統的な歴史叙述に範をとっていた。

第 2 章
最終学期 1830/31 年序論の構想

　ヘーゲルは最後の 30/31 年冬学期には，これまでのように「普遍史の哲学（Philosophiam historiae universalis）」と講義予告をするのではなく，「普遍史の哲学　第一部（Philosophiae historiae universalis *partem priorem*）」と予告している（強調は引用者）。おそらく，これまでの講義のような歴史叙述を含む全体ではなく，序論にあたる「歴史の哲学とはなにか」のみを講じるつもりだった。「世界史の哲学」の開講日 1830 年 11 月 8 日の前，おそらく 10 月頃に，講義の準備に本格的に着手した[1]。そのときの自筆草稿が残されている。散逸部分がある不完全な形で伝えられてはいるが，完成稿に近い清書稿である。この草稿をアカデミー版ヘーゲル全集第 18 巻の中で編集したイェシュケ Walter Jaeschke（1945-2022）は，アステリスク＊をつけた欄外注[2]まであることから，草稿は単に講義のためのノートではなく，世界史の哲学の公刊を計画していた可能性があると推測している[3]。

---

1)　GW.18.384, 編者報告　下田和宣訳，全集 16.480.

2)　GW.18.188f. Am Rande mit Asterisk 全集 16.174-176.

3)　GW.18.384.　全集 16.476f., Jaeschke, *Hegel Handbuch*, S.401

ヘーゲルは「普遍史の哲学　第一部」と講義予告したが，予告に反して，結局のところ，これまでの学期と同様に，「世界史」の全体を講じた。それはこの学期の聴講生の講義録から確認できる。前年の学長職などで時間がとれず[4]，途中で以前の学期のノートに助けを求めた。それで本論も展開するはめになったと思われる。大学の教員であればすぐに理解できるこうした事情だけではなく，1830年の9月から12月にかけて「悪寒」に苦しめられ，講義の進行が妨げられたという事情もあった[5]。そもそも歴史の哲学とはなにかを論じることは大きな課題であり，それにくらべて時間と健康状態が十分ではなかったのであろう[6]。

　グラフ1は筆者がアカデミー版全集のページ数をもとに，序論と本論の割合を円グラフにしたものである。全集のページでは本文と校訂注の割合がさまざまであることや，筆記者がどのような密度で筆記したかによっても異なるため厳密なものではないが，おおよその目安にはなるだろう。4つの円グラフを見比べて，すぐ気づくことは，2回目の24/25年講義で序論の割合がほぼ半減していることである。初めて世界史の哲学を開講した22/23年では，第1章で見たように，世界史の哲学とは何かを構造的に示すのに，模索と試行錯誤を繰り返したためと考えられる。2回目の24/25年は，その経験を踏まえて，簡潔な叙述に心

『ヘーゲル　ハンドブック』p.506f.
　　4)　GW.18.384. 全集 16.480.
　　5)　Jaeschke, *Hegel Handbuch*, S.57『ヘーゲル　ハンドブック』p.94.
　　6)　GW.18.384. 全集 16.481.

がけたのであろう。

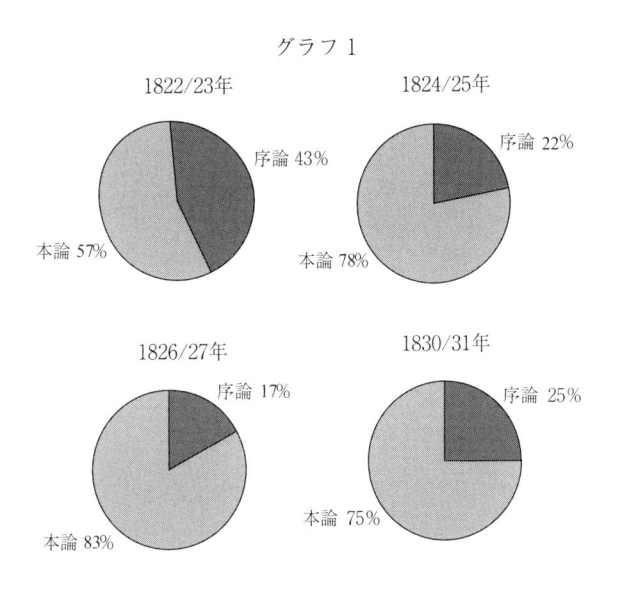

グラフ 1

1822/23年

序論 43%
本論 57%

1824/25年

序論 22%
本論 78%

1826/27年

序論 17%
本論 83%

1830/31年

序論 25%
本論 75%

　30/31 年は第 1 部の序論のみを講じると予告したため，26/27 年に比べて 8% 増加している。だが，24/25 年，26/27 年に比べてそれほど大きな増加ではない。序論だけで全講義時間を埋めるのはとても無理と早い時点で判断し，本論も講じることに決めたのではないだろうか。それでも序論は以前の学期よりもずっと充実している。息子カールは『歴史哲学講義』第 2 版を編集したとき，その序文で，「哲学的な概論がだんだん減って，歴史的な素材が増えた」[7]と報告しているが，事実は逆で，最終学期にヘー

7)　全集 16.400. ヘーゲル『歴史哲学』武市健人訳，岩波書店，

ゲルは「そもそも歴史の哲学とはなにか」という哲学的考
察に本腰を入れて取り組んだ。

　ヘーゲルが「歴史の哲学」として本来考えていたものは
どのようなものであろうか。これを最後の「世界史の哲
学」講義の中で探ってみたい。幸い，この学期の講義は，
資料状況に恵まれている。30/31 年講義の序論を，ヘーゲ
ル自筆の草稿を基本に据えて，欠落部分などを聴講生によ
る講義録で補完しつつ，ヘーゲルの歴史哲学が最終的にた
どりついた思想的境地をできるだけ実態に近い形に再現し
てみよう。あわせて，ヘーゲル歴史哲学をめぐるいくつか
の誤解の解消に努めてみたい。

　30/31 年草稿には明確な章立てはないが，その概要を目
次風に再現すると，表 1,2 のようになる。この構成に即し
て，1 理性が世界を支配している，2 世界精神と理性の巧
知，3 国家の総体的把握，4 自由の発展と歴史区分につい
て考察する。

1　理性が世界を支配している

　「ⅠA　理性が世界を支配しているという考え，および
神の摂理について」（表 1 の I. A）では，ヘーゲルは歴史の
中に理性を読み込もうとする自らの立場についての誤解を
解くことから始めている。歴史的には，アナクサゴラス
（Anaxagoras，前 500 頃 - 前 428 頃）が初めて「ヌース Nus,

1969 年，上 p.16。

表 1　世界史の哲学講義（1830/31 年）序論（自筆草稿）の構成

ヘーゲルの自筆草稿 〔　〕は草稿にはないが，筆者が補った見出し	GW.18.S.	全集第16巻頁
はじめに	138-140	129-130
〔I　世界史の哲学とは何か〕	140-	131-
〔A　理性が世界を支配しているという考え， および神の摂理について〕	140-151	131-141
〔B　歴史の理念とその実現〕	151-	141-
α）世界史の理念（自由の意識における進歩）	151-155	142-145
β）理念を実現する手段	155-171	145-159
γ）歴史の目的を実現する材料	171-180	159-169
C　世界史の歩み	181-	169-
〔a　発展とはどういうことか〕	181-196	169-182
〔b　世界史の歩み〕	196-207	182-191
ヘーゲルは自筆草稿をもとに講義したが，実際の講義はこのとおりにならなかった。表2参照。		

　知力一般あるいは理性が世界を支配している」[8]と言っ
たが，彼はそのヌースを具体的に深く探究しなかった。プ
ラトンの『パイドン』（97b-c）によれば，ソクラテスもそ
のことでがっかりした。その原因について，ヘーゲルはこ
う書いている。

　　ソクラテスがアナクサゴラスの原理に見出した不十分
　　さは原理そのものにかかわるのではなく，この原理を
　　具体的な自然に適用する際の欠陥Mangelにかかわる。
　　つまり，自然がこの原理から理解され，概念的に捉え
　　られるのではなく，一般にこの原理が抽象的なままに
　　固持されるところにある[9]。

---

8)　GW.18.144. 松田純訳，全集 16.134.

9)　GW.18.145. 全集 16.135.

1　理性が世界を支配している

アナクサゴラスの「ヌース」がまだ抽象的で漠然としていて，なんら深い理解に達していないことにソクラテスは失望したが，ヘーゲルは自分の時代（19世紀）にもこれと似た状況を見た。それは摂理が世界を支配しているという宗教的（キリスト教的）信仰である。

> 私はまず理性が世界を支配しているという思想の〔アナクサゴラスにおける〕最初の出現だけでなく，それの欠陥 das Mangelhafte についても詳しく述べた。それは，この思想がそれとは別の形態に完全に応用されているからだ。その形態はわれわれには周知の宗教的真理の形態であって，世界が偶然にさらされ外的な偶然的原因に委ねられているのではなく摂理が世界を支配しているという確信である[10]。

例えば，信心深い人が偶然的な出来事の中に「摂理の目的」すなわち神の思惑と意志を読み取ろうとする。こうした心の動きは，世界史の展開の中に「自由の意識の発展」という大きな趨勢を把握することと対極的である。このような宗教的な「摂理への信仰」にヘーゲルは次のように反対している。

---

10)　GW.18.145f. 全集 16.136.

第 2 章　最終学期 1830/31 年序論の構想

表 2　世界史の哲学講義（1830/31 年）序論 (講義録) の構成

カール・ヘーゲルの講義録	GW.27,4.S.
〔Ⅰ　世界史の哲学とは何か〕 　はじめに 　1　世界史の究極目的，理性が世界を支配している， 　　　歴史の把握 　2　この目的の詳しい規定 　　　a　精神の本性：自由 　　　b　精神を実現する手段 　　　c　究極目的を実現する材料 （ここまで講義は自筆草稿にしたがう） 　3　世界史の歩み　　（草稿とかなり異なる）	1155-1201
以下は草稿にはない。前の学期の内容を改訂しつつ講義したと推測される。	
〔Ⅱ　世界史の自然的基礎：地理学的考察〕 　1　地理学的 3 区分 　　　①極地と温帯 　　　②北半球と南半球 　　　③旧世界と新世界（アメリカとオーストラリア） 　2　新世界アメリカは「未来の国」として世界史に属さない 　3　旧世界 　　　(1) 風土論的分類 　　　　　①内陸地　②谷間の平野　③沿岸地域 　　　(2) 旧世界の区分 　　　　　①アフリカ　②アジア　③ヨーロッパ 　　　(3) 本来のアフリカ（未開の南部）は世界史に属さない	1203-1230
〔Ⅲ　世界史の時代区分〕 　1　東洋 　2　ギリシャ 　3　ローマ 　4　ゲルマン （ここで序論が終了し，本論の第 1 部 東洋世界に移る）	1230-1236

1 理性が世界を支配している

われわれが世界史で取り扱う個体は，諸国民 Völker
であり，諸国家という全体である。したがってわれ
われは，摂理に対する信念の，あのいわば小売り
Kleinkraemerey 状態にとどまっているわけにはいかな
い。そうかといってまた，世界を支配する摂理という
ものがあるという一般論のところで，単に抽象的で無
規定な信念にとどまることもできない。この信念は明
確な認識へ進もうとしないのであるが，われわれはむ
しろこの摂理について真剣に掘りさげなければならな
い[11]。

ヘーゲルは摂理を「小売り Kleinkrämerey」つまり個々
の運・不運，幸・不幸のレベルではなく，精神の世界史的
展開の中での「摂理の計画」という大局的な趨勢と理解す
る。これを把握するようなヌース論の「大局的な応用 die
Anwendung im Großen」を目指している。それゆえ，宗教
的な摂理信仰のように抽象的な欠陥ある形にいつまでもと
どまっていてはならないと主張している。ところが，この
箇所をガンスとカールはヘーゲルの自筆草稿から採用しな
がら，33 頁の引用文のところで，次のように重大な書き
換えを行っている。

理性が世界を支配しているという思想のこうした出現
は，われわれには周知のさらに進んだ応用と連関して
いる。すなわち，世界が偶然にさらされ外的・偶然的

11）　GW.18.148. 全集 16.138.

な原因に委ねられているのではなく，摂理が世界を支
配しているという宗教的真理の形態をとる[12]。

　ヘーゲルは，アナクサゴラスが深めきれなかったヌー
ス（理性）論が，キリスト教の摂理論へと「欠陥」をもっ
たまま引き継がれ，究極目的が個々の幸運などに矮小化さ
れていると批判している。これに対して，ガンス版では，
アナクサゴラスのヌース論で，理性が世界を支配している
という思想が出現し，それがキリスト教の摂理論へと発展
的に継承されている。ヌースが世界を支配しているという
ギリシャ思想のさらに進化したものが摂理への信仰という
キリスト教の宗教的真理となる。ヘーゲルの意図は，理性
と自由の概念が歴史的に彫琢され具体化されていく歩みを
たどりながら理性の支配をこの講義を通じて証明すること
にある。ところが，欠陥のあるアナクサゴラスのヌース論
がそのまま現代のキリスト教の摂理論へと発展していると
改変することによって，ヘーゲルが端から神の摂理を信じ
きってこの講義を展開しているという印象を与えている。
ガンスは草稿にある「欠陥 das Mangelhafte」という語を
意図的に削除して，「欠陥ある」ヌース論から現代の摂理
信仰への展開を肯定的に描いて，もとの意味を逆転させて
いる。それをカールもそのまま第 2 版に引き継いでいる。
それによって，ヘーゲルが神の摂理を信じきっていて，神
の摂理論をそのまま歴史に応用しているかのような印象を

　12）　G.W.F. Hegel; *Vorlesungen ber die Philosophie der Welt-geschichte.* Hrsg. von E. Gans. Berlin 1837, S.16. SK.12.25. ヘーゲル『歴史哲学講義』長谷川宏訳，岩波文庫，上巻，p.30。

与える。ガンスは政治感覚が鋭敏な人のようで，宗教的な摂理信仰を「欠陥ある」と評することのリスクを配慮したと思われる。彼はヘーゲルを体制にとって安全な哲学者として印象づけるために，至るところでこうした気配りをしている。そもそも最初のヘーゲル全集にはヘーゲル未亡人の意向が反映しているという。彼女はこの全集によって保守的なヘーゲル像を確かなものにし，やもめ暮らしの安定を図りたかった[13]。

こんにちヘーゲル『歴史哲学講義』として読まれているテクストには，このような改竄が至るところにある。それがヘーゲル歴史哲学に神がかった思想という印象を与え，さまざまな誤解を生み増幅させている。カール・レーヴィット（Karl Löwith, 1897-1973）の次のようなヘーゲル批判にも，その影響が如実に現れている。

> 自由の理念の実現が歴史の究極目的であるが，ヘーゲルはこの理念を神の意志と同一視することの困難を何も感じていなかった。というのも，彼は「絶対者の司祭」として「神によって哲学者たるよう呪われた」者として，神の意志とその計画を知っていると信じていた。彼は精神の道を歴史の経過と結果を規準にして全体的に洞察し正当化する逆立ちした予言者を自認していた[14]。

13）　最初のヘーゲル全集の刊行による収益については，山﨑純「最初のヘーゲル全集と未亡人のふところ」『ヘーゲルを学ぶ人のために』世界思想社，2001 年，トピック 9，p.224f.。

14）　Karl Löwith, Sämtliche Schriften. Bd. 1. *Weltgeschichte und*

　ガンスとカールは「欠陥」という語を削除し，「欠陥ある」宗教的な摂理信仰の乗り超えというヘーゲルの真意をカモフラージュした。われわれはその成功例をここに認めるだけである。このようにして，歪められたヘーゲル像が定着していったのである。

2　理性の巧知と世界精神

　「B　歴史の理念とその実現」の節（表 1 の I. B）は，歴史上の英雄などの行為の意図や目的と，結果として生起する事態とのずれについて考察している。「世界精神の目的は自分自身を見いだし，自分自身に到達し，みずからを現実として直観するということである」。これに対して，

> 　計り知れない数の意欲や関心や活動は，世界精神が自分の目的を成就するための，つまりこの目的を意識へと高め実現するための道具であり手段である。個人と国民のあの活動は，彼ら自身の事柄を追求し満足させながら，同時に，あるより高いもの，さらに先にあるものの手段であり道具である[15]。

　これは，個人は世界精神の操り人形にすぎないという悪評高い内容で理解されてきた。しかし，本当にヘーゲルは

Heilsgeschehen. Stuttgart, 1983. S.67f. カール・レーヴィット『世界史と救済史』信太正三訳，創文社，1964 年，p.76. 同『ある反時代的考察』前掲訳書，p.170。

　15）　GW.18.162. 全集 16.151.

そう考えていたのだろうか？　否である。このように戯画
化された世界精神はヘーゲル哲学には存在しない。この引
用文は，個別的には偶然的で非合理なものでも，全体とし
て見たら，法則的なものが貫いて至り，合理的なものが結
果したりすることを意味する[16]。次の2つの文で表現され
ていることが理解のポイントになる。

> この世において，いかなる偉大なことも，情熱なしに
> は成就されなかった[17]。
> 直接の行為のうちには，行為者の意志と意識のうちに
> あるよりも，何かそれ以上のことがありうる[18]

　主観的な利害関心や主体的な情熱なしには，偉大なこと
は生じない。個人の主体的な動機や目的は欠かせない。し
かし，その結果は主観的な狙いどおりにはならない。行為
の結果，全体として生起するものは，しばしば個々の動機
や目的をはるかに超えたものである。普遍的なものと個別
的・主観的なものとのこうした関係，その思弁的な真理を
解明するのは論理学の課題だとして，ここでは理論的な解
説を避けて，放火の例などをあげて説明している。

> 世界史においては，人間たちの行動によって一般に生
> じてくるものは，彼らが目指しかつ成し遂げるもの，

---

16)　加藤尚武「ヘーゲル」『哲学の歴史7 理性の劇場』中央公論
新社，2007年，p.374。
17)　GW.18.160. 全集 16.149.
18)　GW.18.164. 全集 16.153.

彼らが知りかつ欲するものとはまだどこか違うもので
ある。人間はみずからの関心事を遂行する。しかしそ
れと同時に，なおそれ以上のことが成就される。こ
れも実は先の関心事のうちに含まれているが，彼ら
の意識と意図のうちにはなかった。〔適切な〕例とし
て，他人の家に放火する人（何か不正な被害をこうむっ
たがゆえに，おそらくは正当といえる復讐のための放火）
を取り上げてみよう。……例えば火をつけられた木材
の箇所は，木材のもっとほかの部分とつながっている
し，木材は家全体の木組みとつながり，家は他の家々
とつながっていて，かくして〔周辺を巻き込む〕大火
事となる。それは初めに目指していた復讐の相手とは
別の多くの人々の財産を焼き尽くし，多くの人命さえ
奪うことになる[19]。

　何らかの被害を受けたがゆえに正当な復讐のために行っ
た放火が，なんの罪もない市民にも大きな損害をもたら
す。これはたしかにわかりやすい例である。行為の結果は
直接的な意図を超えて，ときにその意図を裏切る。内的な
意図から発した行為もひとたび外的な連関の中に投げ込ま
れれば，もともとの行為の意図を超えた独自の展開を覚悟
しなければならない。これは，ヘーゲルが悲劇論など，さ
まざまなところで展開してきた行為論でもある。現代風に
言えば，個人の行動の意図はさまざまで，あくまでも各人
が「主体的に決断」していたとしても，ビッグデータの解

　19）　GW.18.163. 全集 16.152.

析によって，思わぬ「法則性」が見いだされるような関係
である。

　ヘーゲルはこの思想をおそらくイェーナ期にスミ
ス（Adam Smith, 1723-90）の「見えざる手」から学ん
だ[20]。世界史の哲学のこの文脈でより近いのは，カント
（Immanuel Kant, 1724-1804）の歴史論の中の「非社交的
社交性」である。カントは『世界市民的意図における普
遍史のための理念』（1784 年）の中で，自然は社会の中の
「対抗関係 Antagonism」を利用して，人間の自然的素質を
開花させ，人間を醇化し，「法を普遍的に管理する市民社
会を達成する」，「人間性を飾るすべての文化と技芸，最
も美しい社会秩序は非社交性の果実である」と述べてい
る[21]。

　カントとのつながりはもう一つある。ヘーゲルは，個々
人の「意欲や関心や活動は，世界精神が自分の目的を成就
するための道具であり手段だ」と述べつつ，他方で，個人
は単なる手段にはならないとも述べている。

　　個人を一般に手段というカテゴリーで unter der
　　Kategorie der Mittel 考察することを認めたにして
　　も，それでもなお，諸個人のうちには，そのような

20）　加藤尚武「ヘーゲル」前掲書，p.374-378. はこの関係につい
て，マンデヴィルの「蜂の寓話」，スミスの「見えざる手」，カント「非
社交的社交性」の影響を指摘している。

21）　Immanuel Kant: Werke in 10 Bänden. Wissenschaftliche
Buchgesellschaft, 1964, Bd.9. 37-42. カント「世界市民的意図における普
遍史のための理念」小倉志祥訳，『カント全集』第 13 巻，理想社，1994
年，第 4 四，五命題。

観点で捉えることをためらわせるような一面がある。
……それは諸個人の中にあってそれ自体で永遠な神
的なもの，すなわち道徳，倫理，宗教心 Moralitaet,
sittlichkeit, Religiositaet である。……これらの側面は，
満たされずにはいられない無限の権利 ein unendliches
Recht をもっている[22]。

これは，人格を「単なる手段として」扱ってはならない
というカントの道具化の禁止のテーゼまたは尊厳のテーゼ
を指している。現にヘーゲルはそれに続くところで，カン
トを参照指示している。

　まったく外面的な意味で，人間は理性目的に対する手
　段として関わるのではない。人間は理性目的ととも
　に，そしてこの理性目的〔を満たす〕機会に，内容
　上これとは違う自己中心的な目的を同時に満たすが，
　それだけではなく，理性目的そのものにも関与する。
　こうすることで人間は自己目的 Selbstzwecke である。
　……これについては，カントを見よ。……この自己目
　的という規定の中に，われわれが手段というカテゴ
　リーからは除いておいてほしいもの，例えば道徳や倫
　理，宗教心が属する[23]。

道具化の禁止というカントのテーゼをふまえ，道徳や倫

---

22)　GW.18.166. 全集 16.154f.
23)　GW.18.166f. 全集 16.155.

理, 宗教心が「人間の尊厳」の中核的内容であることを
ヘーゲルは認めている。「個人は世界精神の操り人形」と
いうイメージとは対照的である。

　ガンスが編集した第 1 版では, この叙述部分はほぼヘー
ゲルの草稿に沿っている。しかし, こんにちヘーゲル歴
史哲学として最も普及しているカール版 (邦訳の底本) は,
歴史の理念の実現と, 世界史的個人の道具化についての叙
述部分で, 草稿のこの部分の流れをずたずたに寸断し, 恣
意的な編集を行っている。ヘーゲルの自筆草稿はこの箇所
で切れ目なく清書されていて, 論旨はきわめて明快であ
る。ヘーゲルが死の前年に到達した最終的な思想を, この
草稿に基づいて正解に伝えるべきであった。しかし, おそ
らくカールは他の年度の筆記録に基づいてではなく, 自身
で勝手な改竄を行っている。それによって, 「個人は世界
精神の操り人形」という印象をいっそう強めたと思われ
る。ヘーゲル自筆の草稿の翻訳[24]も公刊されたので, この
テーマについてヘーゲルの自筆草稿に基づいて, その思想
内容を理解することが可能である。

　「世界精神」と並んで, すこぶる評判が悪い「理性の巧
知 die List der Vernunft」という語は序論草稿には見当たら
ないが, 講述のための準備メモと思われる断片「無限にも
つれあった光景もまた……」に見られる[25]。30/31 年講義録
ではこう記録されている。

---

24)　全集 16. 2023 年。

25)　GW,18.208ff. 松田純・下田和宣訳, 全集 16.193f.

世界史上の偉大な人物〔英雄〕は，世界精神の目的で
もあり，まさに時機にかなったものを自ら目的として
いる。外面的な歴史の中にわれわれが直接目にするも
のは，衝動や欲求といった特殊的なものである。これ
らが相互につぶし合い滅んでいくのをわれわれは目撃
する。これに対して，理念は普遍的なものであり，こ
の闘争の中でも攻撃されることなく無傷である。これ
は理性の巧知と呼ばれる。理性は上記のもろもろの衝
動や欲求を自らの道具として用いながら，自らを無傷
のままに保つ。あるいは，むしろ自らを実現すると
言った方がよい。理性の目的は人間の欲求や情熱など
をとおして自らを実現する。この普遍的なものにくら
べれば，個別的利害は取るに足りないものである。こ
のようにして個々人は〔普遍的な理念のために〕犠牲
となる[26]。

　理性の巧知は論理学やエンツュクロペディーにも登場す
るが，ヘーゲルが初めてこの語を用いた文献は，イェーナ
期体系構想Ⅲ（1805/06 年）である。労働者が対象と自身
の間に道具を挿入し，自身は損傷したり消耗したりするこ
となく，道具を消尽させて，自身の目的を最終的に遂げる
ことをいう。そこでこう記されている。

　　巧知 List は狡猾さ Pfiffigkeit とは別ものである。もっ
　　とも正々堂々とした行為こそが最大の巧知である。

---

26)　GW.27,4.1173.

（われわれは巧知をその真実態において捉えなければならない。）すなわち，人はその公明正大さによって他者を，つまり，他者が端的に自分を顕わにし，まさしくその点において自分自身を無化するさまを明らかにする。〔巧知は〕他者をして，それが端的にあるがままに存在することを余儀なくさせ，それを意識の光のうちへともたらすことを強いる偉大な振る舞いである[27]。

「巧知 List は狡猾さ Pfiffigkeit とは別もの」で「偉大な振る舞い」だと言っているので，List を「狡知（悪賢い才知）」と訳さない方がよい。個々の主体を強制したりだましたりするのではなく，主体的な意志・動機・情熱のままに大いに活動させ，その結果として，全体として出来するものを理性によって概念把握するというのが List なのだから。

3 国家の総体的把握

「γ 歴史の目的を実現する材料」の節（表1の I.B. γ）で，ヘーゲルは国家，芸術，宗教，哲学などを総体的に論じようとしている。精神が自己を知ること，「精神がみずから自由であるという意識」が世界の究極目的である[28]が，その目的を実現する材料（Material）とは国家のこと

27） GW.8.207. ヘーゲル『イェーナ体系構想』加藤尚武監訳，法政大学出版局，1999 年，p.145。

28） GW.18.154. 全集 16.144.

である。「国家の本性」には，さまざまな要素が含まれる。
憲法をはじめとする法と諸制度，自然的な面としての国民
性，さらに，宗教，芸術，哲学などである。ヘーゲルはこ
こで，法，宗教・芸術・哲学までをとおして叙述しようと
している。

　青年期草稿やイェーナ期精神哲学などにはこうした叙述
がみられたが，ハイデルベルク時代には客観的精神と絶対
的精神との体系区分が確立し[29]，講義では客観的精神は自
然法・国家学で，絶対的精神は美学，宗教哲学，哲学史と
して，それぞれ別の学科で扱われ，分断されている。その
ため，草稿のこの叙述は最晩年の円熟した国家論の全体像
を語っていて貴重である。もしこれをさらに展開していけ
ば，客観的精神の歴史（国家史，法制史）と絶対的精神の
歴史（芸術史，宗教史，哲学史）との連関が描かれたであろ
う。その本格的展開は「歴史性の哲学」となって，諸国家
の歴史のみを扱う「世界史の哲学」とは異なるものになっ
たであろう（第 6 章参照）。残念ながら，そこまで展開する
余裕はヘーゲルにはなかった。

　絶対的精神の体系上の順序は芸術・宗教・哲学である
が，ここでは一貫して宗教・芸術・哲学という順序で叙述
されているのも興味深い。芸術→宗教→哲学は，直観→表
象→概念への高まりという体系的整理に対応する。これに
対して，宗教→芸術→哲学はヘーゲル自身の思想形成史を
も反映している。ヘーゲルは青年期に，ギリシャの芸術的
宗教をポリスという国家の自覚形式と捉え，その中に和合

---

29)　『ハイデルベルク・エンツュクロペディー』全集 11。

の理想形態を見ていた。これがイェーナ期のある時点で断念され，ギリシャの芸術宗教の理念をキリスト教が引き継ぐと捉えるに至った[30]。そして『エンツュクロペディー』の体系では，直観に基づく芸術から，表象に基づく宗教，概念に基づく哲学へと発展するという形に整理した[31]。それゆえ絶対的精神論の根はもともと宗教にあった。

われわれとしては，この節に，宗教・芸術・哲学のそれぞれの歴史と，国制史との相互連関を含む精神の哲学的考察の総括を期待したいところである。おそらくヘーゲルもそれを目指したのであろう。しかしながら，叙述は散漫になり成功しているとは言えない。この節は「精神の歴史性」の哲学の空白（第6章参照）を埋める試みと見ることができるが，体系の中の「世界史」の位置が最初から叙述を規定している。世界史に登場するものはあくまでも一個の実体としての国家を単位とするからである。それでも，本来の「世界史」が国家と国家の間にあるのに対して，国家内部の総合的な記述を目指している点は注目に値する。

4　自由の発展と歴史区分

「C　世界史の歩み」では，世界史の始まりと発展が描かれ，一人が自由→若干が自由→すべてが自由というあの

---

30)　加藤尚武『哲学の使命』1992年（加藤尚武著作集第2巻，未来社，2018年に再録），第1章参照。

31)　それでも『ハイデルベルク・エンツュクロペディー』§456-477には，芸術宗教→啓示宗教→哲学という形で，青年期の思想形成の残影が見える。全集11.327-334。

有名な図式が出てくる。歴史は自由の意識の進歩であり，世界史は東から西へと進む。すなわち，オリエント（一人が自由）に始まり，ギリシャ・ローマ（若干名が自由）を経て，キリスト教的ゲルマン（万人が自由）へと至るというものである[32]。これは，歴史は自由の実現の過程というテーゼを，自由の数的拡大としてイメージし，後世に大きな影響を与えた。しかし，「数的規定の不毛さをなじり続けた哲学者」ヘーゲルには似つかわしくないという印象ももたれていた[33]。「一人→若干→すべて」という図式は22/23 年と 24/25 年の講義録には見当たらないが，26/27年の講義録[34]と 30/31 年の草稿[35]および講義録[36]に登場する。30/31 年草稿にはこう書かれている。

　　世界史とは，精神がどのようにして本来の自身を知るに至るかの叙述である。
　　　東方の人 Die Orientalen は，精神あるいは人間そのものが，それ自体で自由であることを知らない。彼らは自由であることを知らないから自由ではない。彼らが知っているのはただ，一人が自由である Einer ist frei ということだけである。だがそれゆえにこそ，そのような一人だけの自由というのは，単なるわがまま

<hr />

32)　講義録によれば，この図式は 1826/27 年の序論から登場した GW.27,3,807.

33)　加藤尚武『哲学の使命』（加藤尚武著作集第 2 巻，p.32）。

34)　GW.27, 3.807.

35)　GW.18.152f., 154, 185f. 全集 16.142f.,144,172.

36)　GW.27,4.1230.

にすぎず，野蛮で愚鈍な情念にすぎない。……それゆ
え，この一人というのは一人の専制君主にすぎず，一
人の自由な人間ではない。

　ギリシャ人において初めて自由な意識が登場してく
る。それゆえ，彼らは自由であった。けれども，彼
らはローマ人とともに，若干の者が自由である Einige
sind frei ということだけを知っていたにすぎず，人間
そのものが自由であることを知らなかった。プラトン
やアリストテレスでさえ知らなかった。それゆえ，ギ
リシャ人は奴隷を所有し，彼らの生活と彼らの美しき
自由は奴隷制によって成り立っていたにすぎない。そ
れだけでなく，彼らの自由もまたそれ自体，偶然的で
はかなく，洗練されていない限定された花にすぎず，
同時に，人間的でヒューマンなものを厳しい隷従状態
に置くものでもあった。

　ゲルマンの諸国民が初めてキリスト教の中で，人間
が人間として自由 der Mensch als Mensch frei であり，
精神の自由こそが人間自身の本性をなすという意識に
達した。この意識は初めは宗教という精神の最も内的
な領域にあらわれた。けれども，この原理を世俗世界
の体制の中にも浸透させることがさらなる課題であっ
て，その解決と実現には，教養形成の困難をきわめた
長い労苦が必要とされる。例えば，キリスト教を受け
入れたからといって，ただちに奴隷制が廃止されたわ
けではなく，ましてや国家に自由が浸透して，政府と
国家体制が理性的に組織され，自由の原理に基づくよ
うになるわけではない。自由の原理が現実に適用され

　世俗の状態に浸透して確立されるには，長い経過を要し，それこそが歴史そのものなのだ[37]。

　ヘーゲルは，オリエントでは「一人が自由であることを知るだけであった」と書いたが，その前後でこの言い方が無意味であると書いている。であれば，右の引用の中で意味のあるのは，「若干の者からすべての人間へ」の自由の拡大である。すなわち，一部の市民のみが自由で，そのカテゴリーに入らない奴隷や外国人や女性がいた古代ギリシャのポリスから，身分によらず，人間が人間として自由という近代の自由の理念への移行である。この移行の意義はヘーゲル自身の思想形成史をも反映している。青年時代以来ヘーゲルの憧憬の的であったギリシャのポリスは，奴隷制の上に立った一部の自由人の共和国にすぎなかった。これに対して，近代の国家は，人間が人間として生まれながらにして自由であるとする思想の上に成り立つ。この思想は直接的には近代自然法が唱えたものだが，ヘーゲルはその源を「すべての人間が神の前で自由である」とするキリスト教の普遍性にあると理解している。このキリスト教の原理が結局は奴隷制を廃止に追いやり，近代の自由国家を現出させたという理解である。ただし，それに至るには長い時間を要した（これについては第 5 章の「世界精神の緩慢さ」の項で改めて取り上げる）。「世界史の哲学」が描くべきは，この長きにわたるプロセスなのである（第 5 章参照）。ヘーゲルは講義の中で次のように序論をしめくくっ

37）　GW.18.152f.　全集 16.142f.

た。

　われわれがこれから考察しなければならないのは，
いまあげた4つの国〔オリエント，ギリシャ，ロー
マ，ゲルマン〕である。
　世界史の目標は理性という実体的なものについて意
識した主体的な自由である。この原理はキリスト教の
中で表明された。人間が神と直接的な関係をもつこ
と，神と和解することは精神的な基盤の上でなされな
ければならないということが言われた。したがって，
個人おのおのは無限の価値をもっていて，神との関係
で人間は平等である。かくして個人は個人として無限
の価値をもつと宣言された。主体的な自由は，主体が
実体的な意志にふさわしいという点に成り立つ。これ
がキリスト教の原理であるが，それはしかし，初めは
精神の内面での抽象的な原理にすぎない。この原理は
やがて世俗の中にあらわれる。世俗には欲望や好みや
衝動が含まれる。それゆえ，まだ実現されていない精
神的な国が〔内面に〕成立する。この精神的な国の実
現をゲルマン諸民族は長きにわたる闘争を通じて勝ち
取ったのだ[38]。

ギリシャ，ローマでは，特定の人間だけが自由な市民で
あったが，キリスト教的なゲルマン世界で初めて「人間が
人間として自由であると意識されるに至った」という歴史

---

38)　GW.27,4.1235.

認識，一人→若干→万人という図式の中にある合理的な内容は，結局これに尽きる。この内容にとどめておけば，図式主義などのその後の非難は生じなかったであろう。しかし，それでは，せいぜい地中海周辺を含む西洋の歴史だけになる。普遍史の復活の気運の中で，しかも，異文化情報がヨーロッパにぞくぞくともたらされる時代にあって，西洋の歴史だけで済ますわけにはいかなかった。そこで，ギリシャ以前に東方世界を置き，自由の意識の発展を〈一人→若干→万人〉という数の拡大のように描いた。これは分かりやすさを狙ったサービスだったが，かえってこれが誤解を生むきっかけとなった。

第3章
近代という時代の把握

　世界史の哲学講義は1822年に初めて開講され，最後の講義はヘーゲルの終焉の年1831年に閉講した。この10年間でヘーゲルの歴史認識そのものが変化していった。学期ごとの講義録に基づいて，ヘーゲルの歴史認識を歴史的な発展の相のもとに捉え直されなければならない。とくに大きく展開したのが講義本論の山場，ゲルマン世界の最後の近代史の叙述である。ここにヘーゲルの近代認識の発展が見られる。近代とはヘーゲルにとっての現在である。近代認識とは，ヘーゲル自身がいま置かれている状況，すなわち自身の所在を歴史全体の中で照らし出そうとする試みである[1]。かかる時代意識の照明を学期ごとにたどってみよう。

　まず，22/23年から26/27年講義でのゲルマン世界を3期に区分する構成をみる（1節）。次に近代の内容の把握の変化を26/27年まで学期ごとにたどる（2-4節）。最後に章を改めて，最終の30/31年の近代叙述の特徴をまとめ

---

　　1)　Karl Jaspers, *Vom Ursprung und Ziel der Geschichte* .1949.S.109. カール・ヤスパース『歴史の起源と目標』重田英世訳，理想社，1964年，p.153。

る（第 4 章）。ここでの主題を一言で言えば，近代における自由の運命である。

1　ゲルマン世界の 3 期区分

22/23 年講義ではゲルマンの国は次の 3 期に区分される[2]。

表 1　22/23 年講義：ゲルマンの国の 3 期区分

第 1 期	〔古代以後〕：西ローマ帝国滅亡後，カール大帝によるフランク王国の支配の時代。8-16 世紀
第 2 期	中世：カール 5 世以降の神聖ローマ帝国の時代。16 世紀
第 3 期	近代：宗教改革からヘーゲルの現在まで。16-19 世紀

　ゲルマンの国は，第 1 期古代以後，第 2 期中世，第 3 期近代の 3 期に区分される。この区分はすべての学期でおおむね変わらない。23/24 年講義は，この 3 期区分をさらに国家と教会の関係で捉え直して，父―子―霊という三位一体の枠組みで捉えている。第 1 期のキリスト教世界と神聖ローマ帝国が一体となっている段階が「父の王国 das Reich des Vaters」，第 2 期のキリスト教世界と世俗の世界が対立している段階が「子の王国 das Reich des Sohnes」，第 3 期で両者が和解した段階が「霊（精神）の王国 das Reich des Geiste」とされる[3]。その枠組みは，神の支配の歴史を「父の王国」，「子の王国」，「霊の王国」という三段階で捉える救済史の構造である。これのもとはヨアキム・

---

2)　GW.27,1.402-404　伊坂訳，下 217-221.

3)　GW.27,2.756

フォン・フィオーレ（Joachim von Fiore 1130-1202) の，三位一体の位格を世界史の時間に適用した「三つの世界秩序（status)」に由来する。第一の秩序では，人間は律法の下に奴隷的に服従する。第二の秩序では，人間は現に恩恵の下にあり，神の子らとして服従している。第三の秩序では，人間は神の子から神の友となり，より豊かな恩恵の下に自由を享受しうる。このように歴史は「神の奴隷であること」から「神の子であること」へ，そしてさらに「神の友であること」へと発展して行く。その段階がそれぞれ，「父の王国」,「子の王国」,「霊の王国」である。「主の霊のおられるところに自由がある」（コリント3・17）と言われるように，「霊の王国」において自由の最高段階が達成される[4]。

　この救済史論を近代になって再び取り上げたのはレッシング（Gotthold Ephraim Lessing, 1729-81）であった。彼はこれを下敷きにして『人類の教育 Die Erziehung des Menschengeschlechts』（1780 年）を書いた[5]。それは彼の最後の作品となった。若い頃「レッシングの信奉者」[6]と呼ばれたヘーゲルは，早い時期からこの構想になじんでい

---

4)　Joachim von Fiore, *Das Reich des Heiligen Geistes*. Bearbeitung Alfons Rosenberg, München-Planegg 1955 バーナード・マッギン『フィオーレのヨアキム──西欧思想と黙示的終末論』宮本陽子訳，平凡社，1997 年。

5)　Gotthold Ephraim Lessing, *Die Erziehung des Menschengeschlechts*. Berlin, 1780. Gesammelte Werke in zehn Bänden. Hrsg. von Paul Rilla, Aufbau-Verlag, Bd.8, S.590-615 安酸敏眞『レッシングとドイツ啓蒙──レッシング宗教哲学の研究』創文社，1998 年，p.325-352。

6)　Br.1.21.1795 年 2 月 4 日シェリングからのヘーゲル宛書簡

た[7]。24/25 年講義の中でも「レッシングの人類の教育の構想は才気溢れるものだ」と述べている[8]。

　ただし，ゲルマン世界の 3 期区分を父―子―霊という三位一体の枠組みで捉えるのは，24/25 年と 26/27 年の講義である。26/27 年講義は，ゲルマン世界の序説部分では，父の王国・子の王国・霊の王国の 3 期区分をわずか 10 行で簡潔に示しただけであるが[9]，第 2 期の最後にこれを詳しく示し，宗教改革の意義を強調している[10]。30/31 年の講義は，後で述べるように，三位一体で完結するような形ではなく，未来へ向けて課題を残す形で終わっている。

　ゲルマン世界を 3 期に区分することはすべての学期で一貫しているが，とくに第 3 期の開始点は学期によって変化した。

　22/23 年では，宗教改革から第 3 期が始まる[11]。

　24/25 年でも，宗教改革から第 3 期が始まる。15 世紀末ないし 16 世紀初めからヘーゲルの現在までを「和解の時

---

　7)　この影響は最晩年まで続く。1831 年の宗教哲学講義の第 3 部完成された宗教（キリスト教）の叙述は「父の国」「子の国」「霊（精神）の国」の 3 部に構造化されている。ヘーゲル『宗教哲学講義』山﨑純訳，講談社学術文庫，2023 年，p.680 697。

　8)　GW.27,2.479.

　9)　GW.27,3.1093.

　10)　GW.27,3.1135.

　11)　講義録シリーズ（V12）は V12.506(伊坂訳，下 304) に「近代の歴史」という見出しを入れて，ここから第 3 期としている。アカデミー版全集では GW.27,1.442 で「第 3 期 IIIte Epoche」と節区分がされている。これは邦訳が〔近代への移行〕という小見出しを入れた位置，V12.494（伊坂訳，下 285）である。つまり，アカデミー版では，伊坂訳の〔近代への移行〕から第 3 期が始まるとしている。

代」と位置付けている[12]。

26/27 年では，カール大帝から始まる中世で特に「教会
の堕落」[13]を詳しく講述している。その文脈の中でルター
の改革も第 2 期で述べてしまったため，第 3 期は宗教戦
争からウェストファリア体制，諸国家の形成へ，さらに
フランス革命，ナポレオン（Napoléon Bonaparte, 1769-
1821）へと続く[14]。

このように，ゲルマン世界を 3 期に区分し，宗教改革
前後で第 3 期が始まるという点ではおおむね一致してい
るが，ルターの宗教改革を第 2 期の終わりに述べたり第 3
期の冒頭で述べたりしている。

では次に，近代の中身を見ていこう。

2 初年度 1822/23 年講義の近代認識

22/23 年の講義では中世末期以降の，つまりゲルマン世
界の第 3 期の叙述は表 2 のような構成になっていた。

この学期の講義は近代の原理の源を，ルターが唱えた内
面的な確信に求める。教会の信仰が「外面的なもの・感覚
的なもの」に堕していた。「教会の堕落」[15]は免罪符の販売
で極まった。ルターの改革によって精神の内面への立ちか
えりが実現した[16]。例えば，ミサによって聖別されたパン

---

12) GW.27,2.782.

13) GW.27,3.1131.

14) GW.27,3.1136,1146.

15) GW.27,1.443-445　伊坂訳，下 288-291.

16) GW.27,1.445-447　伊坂訳，下 292-287.

（聖餅）は何か特別な霊力があると信じられていたが，ルターはそのような外面的なものへの信仰を否定した。確信のよりどころが聖なるパンや奇蹟や悔い改めのサクラメントといった外面的なものから，信仰者の内面的な確信へと決定的に移された。ヘーゲルはしかし，それが単なる信仰の主観主義に終わることなく，客観的な真実（教会や国家体制）へと発展する必要があるとする。

表 2　22/23 年の講義：ゲルマン世界の第 3 期　中世末期以降

1	ルネサンス
2	教会の堕落
3	宗教改革とその各国への影響，フランス革命とその影響 ・ロマン系諸国：イタリア，スペイン，フランス─旧教に留まる ・ゲルマン系諸国：大ブリテン（イングランド，スコットランド，アイルランド），スカンジナビア（デンマーク，ノルウェー，スウェーデン），ネーデルランド，スイス，ドイツ〔オーストリアは旧教，プロイセンは新教〕 ・スラヴ系国家：ロシア

　　主観的な確信，すなわち真理についての主観の知は，この内容に反する私的な主観性が放棄されることによって，真実なものとなる。そのことは客観的な真実をわがものとすることによってのみ生じる。……主体がひとりよがりの個別性を否定することによって，主観的な精神は自由となる。精神はこのような否定の中で自分自身へと達する。かくしてキリスト教的な自由 die christliche Freiheit が現実のものとなる。主体性をこうした内容をもたない感情としてのみ捉えるならば，単なる自然性に立ちどまることになる。なぜなら

人間は，かかる意識のプロセスを経めぐるものとしてのみ人間であるからだ。そして精神は，真実の内容としての客体的なものに関与しその恩恵にあずかり，この客体的なものを自分の中に受け入れる場合にのみ精神であるからだ[17]。

　精神の原理が主観的内面性にとどまることなく，客観的な人倫のあり方へと展開する必要があるとの認識を示している。ルターの原理は信仰の主体性を取り戻すものであったが，これを単なる感情の主観主義にとどめるのではなく，主体的な原理を教会や国家の制度にまで具体化することを唱えている。当時ヘーゲルは，信仰を感情に基礎づけようとするシュライアーマッハー（Friedrich Daniel Ernst Schleiermacher, 1768-1834）の感情神学に対して論争的な立場にあった。それがここでも現れている[18]。そうした状況を反映しているが，キリスト教的な自由を共同倫理的な体制へと具体化するということはヘーゲルの核心的な思想でもあった。

3　新しい旗印

　プロテスタンティズムが主観的な感情の中に溺れることなく客観的な真実に達することが求められている。それが

　17）　GW.27,1.447　伊坂訳，下296。ただし，V12.501f. と表現が異なる。

　18）　シュライアーマッハーの感情神学に対する論争については山﨑純『神と国家　ヘーゲル宗教哲学』創文社，1995 年，第 2 章参照。

「主観性をつくり変えること sich umbilden」である。この方向への発展性をはらんだルターの改革の精神。ここにヘーゲルは近代を特徴づける原理を見いだす。

> これが最後の新しい〔最新の〕軍旗（旗印，モットー）であって，そのまわりに人々（民衆）が結集する das letzte Panier, um das sich die Völker sammeln。それは自由という旗 die Fahne der Freiheit，真実の精神という旗である。これが近代の精神であり，これが近代という時代を特徴づけている。それ以降こんにちに至る時代の仕事とその所産は，この原理を現実の中に浸透させ hineinbilden，この原理に自由と普遍性という形式を与えることにほかならなかった[19]。

　自由の原理はまずドイツ的な内面性の中で彫琢された[20]。その後「この原理を現実の中に浸透させること」が宗教改革以後の歴史的な課題となる。その一つが諸国家の形成である。次に，啓蒙主義と諸科学の形成である。のちの講義と比べて，前者の国家形成に圧倒的に重点が置かれている点がこの学期の特徴である。

　22/23 年の講義では，宗教改革後の近代では次の 3 つの内容が講じられた（表3）。

---

19)　GW.27,1.447 Anm. グリースハイムの筆記録による。伊坂訳，下 287。

20)　GW.27,1.445　伊坂訳，292.

表3 22/23年の講義：近代の3つの内容

1	宗教戦争の末に新しい教会が世俗的にも承認される（GW.27,1.450-454）
2	自然科学の成立（同 454-457）
3	啓蒙主義と，意志の自由という原理の実現（同 457-461）

カトリシズムにとどまったロマン系（イタリア，スペイン，フランス）とプロテスタンティズムへ移行したゲルマン系（大ブリテン，スカンジナヴィア諸国，ドイツ，ネーデルランド）との違いに注目して，各国の状況が概観される。この中で，広い意味でのドイツが「それ自体ヨーロッパのミクロコスモス」として位置づけられる。すなわち，「古い〔カトリック〕教会の原理はオーストリアの中に，新しい〔プロテスタント〕教会の原理はプロイセンの中にあらわれていて」，二つの国家原理が覇権を争っているからだ[21]。ここではプロイセンにプロテスタンティズムの盟主としての期待がかけられている。ゲルマン世界の第3期近代はまず「新しい〔プロテスタント〕教会が世俗的な地歩をかためていく」歴史として捉えられる[22]。宗教改革後の各国の宗教戦争，その総決戦としての三十年戦争（1618-48年），その結果であるウェストファリア条約（1648年），これらが全体として「政治的な」視点から捉えられている点に特徴がある。ネーデルランドとイングランドについてこう述べている。

---

21) GW.27,1.450 伊坂訳，下302.
22) GW.27,1.451f. 伊坂訳，下305ff.

　ネーデルランドでは宗教戦争は同時に国家体制をめぐ
る戦争 Verfassungskriege であった。それは信仰の軛
からの解放であるが，しかしまた抑圧からの政治的な
解放 politische Befreiung von Druck でもあった。宗教
的な自由は，政治的な関係を変革することなしには
ohne Veränderung des politischen Verhältnisses 実現でき
なかった。イングランドは宗教と国家体制をめぐる戦
争 Religions- und Verfassungskriege を経験した。宗教
的な自由を実現するためには政治的な変革 politische
Änderung も必要だったからである[23]。

　宗教戦争は全体として，どのような国家をつくるかとい
う国家体制をめぐる争いであった。これがこの学期の捉え
方である。
　宗教改革と宗教戦争のあとには思想形成が続く。ルイ
14 世治下（1643-1715 年）の学芸の黄金時代，自然科学の
成立，そして啓蒙主義。この 3 つがあげられている。思
想は個別的なものを超える普遍的なものを捉える。国家レ
ヴェルでは，封建的な個別利害を超える「普遍的な国家目
的という観念」が「最高のものとして」立てられる。この
ような思想を国家の中に貫こうとした「世界史的な人物」
としてフリードリッヒ 2 世（Friedrich II., フリードリッヒ大
王，在位 1740-86 年）が特記されている[24]。

---

23)　GW.27,1.453　伊坂訳，下 309.
24)　GW.27,1.459　伊坂訳，下 322.

彼は世界史的な人物である。彼は「哲人王」と呼ばれた。それは彼が国家の普遍的な思想を捉えたからであり，とりわけ，この普遍的な原理を何よりも優先して実現させた最初の統治者であったからだ。国家の目的を堅持して，これを主張したのは彼であった。特殊的なものが国家の保持に反する場合には，もはやそれらを尊重しなかった[25]。

フリードリッヒ2世の時代に戦争は宗教戦争としてではなく，本格的な「国制をめぐる戦争 der konstitutionelle Krieg」として戦われた。「すでに七年戦争がそうした戦争であった」が，その後の戦争はこの性格をいっそう強めていく[26]。三十年戦争当時まだ一公国にすぎなかったプロイセンは，その後，君主の権力を中心にして軍事的な統一国家となり，フリードリッヒ2世の指導力によってヨーロッパ列強の地位にのし上がった。彼はシュレージエンを侵略してハプスブルク家からもぎ取った。彼の領土的な野心に危機感を募らせたオーストリア，ロシア，フランスなど周辺諸国は，プロイセン包囲網をしいた。それらの間でプロイセン打倒の軍事同盟が成立し，七年戦争（1756-63年）が起こる。これはプロイセンにとっては，人口比にして500万人対9,000万人の圧倒的に孤立した戦争であった[27]。もしこの戦争にプロイセンが敗れていたら，プロテ

25）　GW.27,1.459　伊坂訳，下322 ただし，V12.517f. と表現が異なる。

26）　GW.27,1.459　伊坂訳，下322.

27）　成瀬治ほか編『ドイツ史 2』山川出版社，1996 年，p.112。

スタント教会の独立は失われていたであろう。87頁に見るように，七年戦争は30/31年講義の中では，むしろ実質的には宗教戦争だったと捉え直されることになるので，ここでの理解に注目しておきたい。

　講義の最終日にヘーゲルはフランス革命などの近代の革命について言及し，それとの対比で，プロテスタント諸国の政治的な安定を強調している。

　　　近代の革命と戦争は，国家体制を下からの暴力によって改変することを目的とし，実際にそのような結果をもたらした。革命は思想の中にその始まりと起源をもつ。……思想は現存するものを思想の原理と矛盾すると見て憤激した。思想がこの点で見いだすことができた最高の規定は，意志の自由 Freiheit des Willens である。……この思想が現実と関わり，特定の秩序に対して暴力をふるい，既成のものに対する暴力となった。革命は総じてこうした暴力である。……もろもろの革命はフランス，イタリア，ナポリ，ピエモント，そして最後にスペインでも起こった。それゆえ，われわれがロマン系と呼んだすべての国々で起こった。これに対して，福音教会の自由が以前に確立していた諸国では状況は安定していた。これらの国々は宗教的な改革とともに同時に政治的な改革と変革を行ったからである。

　　　〔これに対して〕ロマン系の国々で起こった主要な事態は玉座の転覆である。それはこれまでも追求されてきたが，再びむなしい結果となった。これらの革

命で強調すべきことは，ここでは宗教の変革なしに政治的な革命だけが nur politische Revolutionen ohne Änderung der Religion なされたということである。しかし，宗教の変革は精神の自由の中で成し遂げられ促進された。宗教のこうした変革なしには真に政治的な変革すなわち革命は実現できない。精神の自由，すなわちこれらの諸国で国家体制の原理にまでされた自由の諸原理は，それ自身すでに抽象的である。それらは実定的に存立する既成の体制に対抗してあらわれたのであって，宗教の中にある精神の自由から生じたわけではないからだ。それゆえ，政治的な自由の原理は，宗教のうちにありかつ神的な真実の自由であるような精神の自由ではない。

福音〔プロテスタント〕教会の諸国〔デンマーク，イングランド，ネーデルランド，プロイセン〕はそれぞれの革命をすでに成し遂げ，これらの国では革命は済んでいた。起こるべきことが洞察や普遍的な教養形成を通じて平穏のうちに成し遂げられたからである。ここには具体的な国家目的という思想に対して絶対的に矛盾するようなものは何もない。これに対して，ロマン系の諸国では，国家目的という規定に矛盾するようなもの〔国法を無視するカトリック的な良心〕が絶対的に正当化されていたため，絶対的な抵抗を貫くことが可能だった[28]。

---

28) V.12.518ff. ≒ GW.27,1.459f. グリースハイムの筆記録，伊坂訳，下 324-326.

　このように近代の歴史が総括されている。宗教改革を成
就したプロイセンをはじめとする諸国は，なすべきことを
思想的な「洞察と普遍的な教養形成を通じてすでに平和裡
になし遂げた haben schon gemacht」。「革命はもう済んで
いる ist vorbei」。国家や国法を無視する宗教的な良心は否
定され，宗教と国家との和解が実現し，「状況は安定して
いる（Ruhe ist geblieben）」。これに対して，宗教改革を成
就しなかった国々では，既成の体制をつぎつぎと否定する
思想が暴力革命となって噴出した。カトリック教会は，法
を無視し，宗教的な良心はしばしば国法と対立し，王の殺
害や国家転覆の陰謀などが司教たちによって企てられた[29]
からである。

　近代の革命についてはここで引用したような短い叙述で
終わっている。それは近代史の本道を外れた挿話としてあ
る[30]。近代史の王道は宗教改革から宗教戦争，国家体制を
めぐる戦争をへてプロテスタントの諸国家が政治的に確立
されること，とりわけフリードリッヒ2世の指導力による
プロイセンの強国化という線上にある。その意味では，世
界史の叙述は宗教改革とその精神を体現したフリードリッ
ヒ2世の国家建設をもって実質的に終わっている。講義の
最終日に触れた革命は，時間的にはフリードリッヒ2世以

---

　29)　1830/31 の世界史の哲学講義 GW.27,4. 本書 85 頁参照。

　30)　F. Hespe,"Die Geschichte ist der Fortschritt im Bewußtsein der
Freiheit". Zur Entwicklung von Hegels Philosophie der Geschichte. in
Hegel-Studien. Bd.26. 1991. 座小田豊・吉田達訳「歴史は〈自由の意識〉
の進歩である」加藤尚武編『続・ヘーゲル読本』法政大学出版局，1997
年，p.286, 292。

後ではあるが，宗教改革の重要性を確認させる反面教師として位置づけられている。啓蒙主義の中に普遍性があらわれたことが評価されてはいるが，それはフランス革命の世界史的な意義の強調には向かわず，「哲人王」たるドイツ啓蒙君主において頂点に達する。22/23 年講義での近代の叙述はプロテスタントの盟主プロイセン国家の政治的確立に焦点を置いていて，全体として政治的視点が優位に立っていた。

4 1824 年から 27 年までの近代史叙述の変遷

24/25，26/27 の二つの学期についてこの間の思想発展を概観しておきたい。

24/25 年でも，近代史における宗教改革の位置は変わっていない。ルターによって定礎された「精神の自由」，「この原理を世界に浸透させること」がその後の課題となる。

> これが普遍的な理念であり，人間にとっての最後の旗印 die letzte Fahne であり，その理念の中でこそわれわれは存立する。宗教改革からこんにちまでの時代は，この原理を世俗世界の奥深くにまで具体化すること hinein zu bilden だけを成し遂げなければならなかった[31]。

この具体化とは，国家を「自由の現存在（現実的なあり

---

31) GW.27,2.777.

方）das Dasein der Freiheit」として宗教と和解させることである。この学期でもフリードリッヒ2世が「本当の意味での国家的な関心 das wahre Staatsinteresse」を主張した王として取り上げられる[32]。そして立憲君主制が近代の国法の発展の最上の成果として評価される[33]。

26/27 年講義

26/27 年講義は，ゲルマン世界の3期区分がこれまでの講義とは少しずれる。教会の堕落についての叙述が非常に詳しくなり[34]，その文脈の中でルターの改革も述べてしまっため，第3期は，宗教改革後に宗教戦争を経てウエストファリア条約が成立し，新しい教会が政治的な立場を確立し国家形成に向かうところから始まる（表4）。

表4　26/27 年講義：ゲルマン世界の3期区分

第1期	フランク王国，ロマン系とゲルマン系の気質の違い
第2期	カール大帝から1600年まで：十字軍，異端に対する審問・排斥，教皇と皇帝の対立，カトリック教会の体制と教義，免罪符販売などの教会の堕落とルターの改革
第3期	宗教戦争，ウエストファリア条約，新しい教会が政治的な立場を確立，国家の形成

26/27 年講義も宗教改革を「自由の最後の旗印 das letzte

32）　GW.27,2.783.

33）　GW.27,2.784.

34）　25/26 年冬学期に，ベルリンの聖ヘートヴィヒ教会堂の助任司祭が，カトリックの宗教を誹謗中傷したかどでヘーゲルを文部大臣アルテンシュタインに告訴した（Jaeschke, *Hegel Handbuch*, S54.『ヘーゲルハンドブック』p.90）。教会の堕落について詳述したのはこれに対する反撃であったと思われる。

Panier der Freiheit」[35]としている点で，これまでの講義を
引き継いでいる。ゲルマン世界の3期区分を父の王国・子
の王国・霊の王国という三位一体で捉える枠組について，
ゲルマン世界の序説部分では一言で済ませていたが[36]，宗
教改革を「自由の最後の旗印」とする講述箇所で詳しくそ
の意義を解説している。免罪符などに見られる教会の堕落
を批判したルターが，教会の権威に対する盲目的な服従で
はなく，信仰の精神性を強調したことを述べて，その意義
をこう解説している。

　　この〔ルターの〕精神の原理とゲルマン世界の歴史の
　　最終段階，言い換えれば精神（霊）の国 das Reich des
　　Geiste がつながっている。中世は子の王国 das Reich
　　des Sohnes であったと言える。子の中では神はまだ完
　　成しておらず，神は自分自身から区別されている。神
　　は〔弟子や福音書などによって〕証言されたものであ
　　る限りで，また神が〔信仰する者〕自身の向こう側に
　　立って，他なるものという関係が現存する限りで，神
　　はやっとみずからを生み出した〔他者としての彼岸に
　　ある神〕。しかし，こうした関係が精神の中へ高めら
　　れると，自己自身へのたえざる還帰が精神の中に現存
　　する。子の中では外面性の関係が前面に出ていたよう
　　に，中世でも外面性が国家の基礎であった。これに対
　　して新しい歴史とともに，精神（霊）の王国が現れ，

35）　GW.27,3.1135.
36）　GW.27,3.1093.

真実が前面に出てくる。精神の旗のもとに自由の最後の旗 das letzte Panier der Freiheit が立てられた。精神は自然的な精神として現存するのではなく，自己自身のもとにあり，人倫の変革を通じて自分自身に到達した。勝利する自由の旗が人生・生活の中にも立てられる。かくして時代はこの高い原理を世俗世界の中に具体化するという課題を獲得した。このようにして宗教と国家が互いに真に調和する。国家は自由の実現である。自由は法律の中に成り立つ。法律は不自由であることを欲する者に対して直接的な力を行使する。宗教の原理は，精神を現実から高め，精神を単純な仕方で知ることである。このことをただ思考のみが成し遂げる。なぜなら，精神的なものは思考の産物であるからだ[37]。

　3 つの王国のたとえは，子の王国から精神（霊）の王国への転換のところに，神の対象性と彼岸性の克服というヘーゲル自身の哲学的テーマを盛り込んでいる。

　26/27 年講義には，これまでの講義にはなかった次のような新しい論点が出てくる[38]。

　① 近代は国家を「自由の実現」として具体的に形成することを課題とする。この視点から宗教改革以後の各国（スペイン，ポルトガル，イタリア，フランス，ドイツ，イン

37）　GW.27,3.1135f.

38）　A. Grossmann, Weltgeschichtliche Betrachtungen in systematischer Absicht. in *Hegel-Studien*. Bd.31. 1996. S.27-61. の的確なまとめを参照した。

グランド）の状況が初めてやや詳しく扱われる[39]。

②「国家の形成」のあとには「思想の支配」[40]が論じられ，デカルトが「近代哲学の創始者」[41]として登場する。近代の大きな社会的変動という広い視点からデカルトの自己確信の思想が評価されている。ただし，フランス「啓蒙主義が理性の客観的な内容にまで到達しなかったという一面性」に不満が述べられる[42]。これに対して，フリードリッヒ 2 世は「思想の普遍性」が支配するのを助け，個々の身分のもろもろの特権に抗して普遍的な国家目的を貫いた。このことが功績として評価されている。

③ フランス革命は普遍的な諸原理にのっとることに基づいていた。しかし，この原理が抽象的に捉えられたためにファナティシズムに陥り，既成のあらゆる体制や秩序にいたずらに反対する誤った「リベラリズム Liberalismus」[43]を助長した。しかし，「リベラリズムは至るところで破綻した」[44]。リベラリズム批判がここで初めて登場する。これは 30/31 年講義でいっそう強調されることになる（第 4 章 4 参照）。

④ ナポレオンがこのリベラルな体制の創始者として登場する。ナポレオンはこれまでの講義ではしかるべき文脈で扱われることがなかった。ここで初めてフランス革命の

---

39)　GW.27,3.1138-1141.
40)　GW.27,3.1142.
41)　GW.27,3.1143.
42)　GW.27,3.1144.
43)　GW.27,3.1146.
44)　GW.27,3.1146.

中で扱われる。その姿は，リベラルな体制をヨーロッパに普及させながらも，この自由の中で力をつけてきた大衆によって倒される悲劇の英雄として描かれる。ヘーゲルは36歳のときイェーナで馬上のナポレオンを目撃して「この世界の魂 diese Weltseele」[45] と形容したが，その感激はもはやなく，ナポレオンの歴史的役割を冷静に見ている。

　⑤ 講義の最終日（1827 年 3 月 30 日）には，世界史の中で自分を探しつづけてきた精神がいまや「ついに自分自身に，自身の自由に到達した」と述べられる。歴史はもはやヘーゲルにとって「偶然的な人間的な努力と情念の戯れ」ではない。「理性を欠いた盲目の運命の抽象的な必然性」でもない。哲学者の眼から見て，歴史は「理性のもろもろの契機の必然的な発展」としてあらわれる。その意味で「歴史哲学は神の正当化 Rechtfertigung des Gottes（神義論）と呼ばれる」[46] と述べられる。

　この学期で「フランス革命」[47] について初めて言及された。しかし，その評価は明らかに否定的である。デカルトが打ち出した思想の普遍性は啓蒙主義として展開していく。プロイセンでは，フリードリッヒ 2 世によって普遍的な国家目的として定礎される。しかしフランスでは，普遍的な原理が抽象的に捉えられたがために，革命の中で誤ったリベラリズムとしてあらわれる。革命が誤ったリベラリズムを生んだことへの批判が全体の基調をなしていた。

---

45)　Br. 1.120. 1806 年 10 月 13 日付ニートハンマー宛書簡。
46)　GW.27,3.1146.
47)　GW.27,3.1146.

第4章
最終学期における近代認識の深まり

1 30/31年講義は七月革命の衝撃を受けて
近代に重心を置く

　大学の講義では，出だしは詳しく，講義の終わりに近づくと，はしょって，最後は尻切れとんぼに終わる傾向がある。学期を重ねるごとに時間配分に慣れてくる。ヘーゲルの講義でもそうした状況がうかがえる[1]。例えば，世界史の哲学講義の初開講となった22/23年はいきなり自転車操業となった。「東洋（オリエント）の歴史について Zur Geschichte des Orients」という断片[2]が伝えられている。

---

　1)　ガンスは自らの版の序文の中でこう報告している。「ヘーゲルが歴史哲学に関してやった最初の講義では，時間のたっぷり1/3は序論と中国の部に費やし，この部分が飽きるほどにくどくどと述べられている。後の講義では，この部分の叙述はいくらか簡略になっている」（G.W.F. Hegel, *Vorlesungen über die Philosophie der Geschichte*. Hrsg. von Eduard Gans, Berlin 1837. S.XVII.　ヘーゲル『歴史哲学』武市健人訳，岩波書店，1954年，上 p 11)。
　2)　GW.18.221-227 全集 16.195-215 松田純・下田和宣訳，この断片はゲオルク・ラッソンが編集した『世界史の哲学講義』第3版で初めて補遺として公刊された後，断片そのものは失われ，現存しない。ペル

この断片は 22/23 年冬学期講義のために初めて下書きされた。1822 年 10 月 31 日に講義は始められたが，この断片は冬学期の開始直前ではなく，学期の最中に書かれたようである。まずは序論が講じられ，クリスマス休暇の直前に，ようやく中国とインドの講述まで到達した。1822 年 12 月 22 日付のドゥボク宛書簡の中でヘーゲルはこう書いている。

　　世界史の哲学に関するわたしの講義はやることがたくさんあります。……まずはインドと中国のことに［取り組んで］います。世界の諸国民について展望することは，わたしにはたいへん興味深く楽しい仕事 ein sehr interessantes und vergnügliches Geschäfte です。とはいえ，残された時間でどのようにこれら諸国民を通過すべきか，わたしにはまだ見当もつきません[3]。

　「インドと中国」など「世界の諸民族について展望することは，わたしにはたいへん興味深く楽しい仕事です」と書いているように，ヘーゲルは異文化研究とりわけアジア研究にのめり込んでいった。1821 年の宗教哲学講義はアジアの宗教についてはさほど詳しくなかったので[4]，おそらく 1822 年に開講した世界史の哲学講義からアジア研究に

シャ，フェニキア人の歴史の途中から終わりまでと，エジプトの歴史の冒頭から途中までを含む。

　　3）　Br.2.367. 下田和宣訳，全集 16.497 参照。
　　4）　GW.17.96-107. 小林亜津子訳，全集 15.137-154 に主にインドとペルシャの宗教についての短い記述のみが見られる。

本格的に取り組んだと思われる[5]。それにしても，世界史の哲学講義の準備はいきなり過酷な自転車操業を強いられたようだ。

　世界史の哲学講義の本論の構成はオリエント，ギリシャ，ローマ，ゲルマンの４つの世界で安定しているが，その時間配分の割合は学期ごとに変化している。グラフ１は筆者が全集版のページ数をもとに，オリエント，ギリシャ，ローマ，ゲルマンの４つの章の割合を円グラフにしたものである。30 頁のグラフ１と同様，おおよその目安にはなるだろう。

5）　22/23 年世界史の哲学講義でのアジア研究の意義については，伊坂青司「ヘーゲル『世界史の哲学講義』研究の新段階──新版と旧版を比較して」『ヘーゲル哲学研究』vol.26,2020 年，p.24-34 参照。また神山伸弘『ヘーゲルとオリエント──ヘーゲル世界史哲学にオリエント世界像を結ばせた文化接触資料とその世界像の反歴史性』平成 21-23 年度科学研究費研究成果報告書，2012 年はヘーゲルがこの講義のために使用したアジア研究に関する多彩な資料の紹介を含む貴重な論稿と翻訳を多数収載している。
　アジア，オリエント研究の成果は 1824 年以降の宗教哲学講義にも反映される。これは比較文化学や比較宗教学が専門分野として構築される以前の先駆的な試みと言える（イェシュケ「日本語版への編者序文」『宗教哲学講義』山崎訳，p.18）。ヘーゲルの歴史観を西洋中心主義として批判する前に，異文化を理解しようとした悪戦苦闘の跡をまずは確認すべきである。ヘーゲルにとって異文化においても，宗教をはじめとする文化は精神が自己を認識する形式であることに変わりはない。あらゆる文化や制度を精神の自己知の形式として捉える姿勢は，文化間の対立からもさまざまな紛争や戦争が絶えない現代の状況の中で，多様な文化の理解とそこに通底する価値へのまなざしを育む（ユネスコ「文化的多様性に関する世界宣言」2001 年）上で重要であろう。

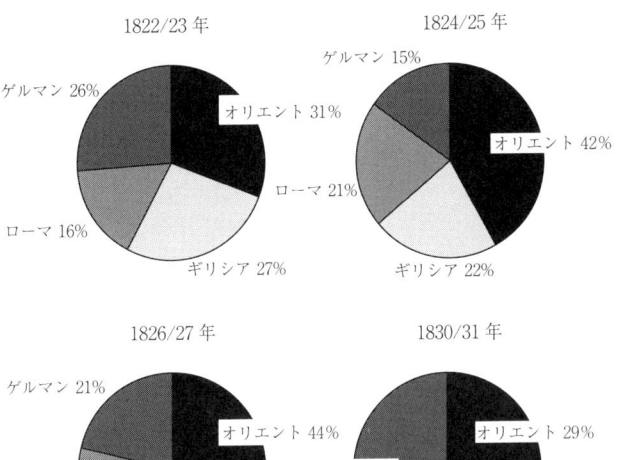

グラフ 1　4 世界の割合

オリエントの割合は 24/25 年，26/27 年に 40% 以上あっ
たのが，30/31 年には 29% にまで減少している。代わっ
て，ゲルマンの割合が 20% 前後から約 40% に増加してい
る。30/31 年講義では，ヘーゲルは 1830 年の七月革命に
大きな衝撃を受けたことから，自由の理念を深めるという
意図を最初からもっていた。それゆえ，世界史の終結部で
自由の理念を詳しく講述するつもりだった。そのために，
オリエント，ギリシャ，ローマの講述を短縮し，ゲルマン
期全体の割合をこれまでの 2 倍近くに増やしている[6]。

6)　1830 年 10 月頃から執筆したと思われる「世界史の哲学序論草

　さらに，ゲルマン期の内部の3期区分の割合が大きく
変化している。グラフ2[7]に見られるように，世界史の哲
学の22/23年から26/27年までの講義では，ゲルマン世界
の第1期と2期の割合が約65-92%を占め，第3期近代の
割合はわずか約8%のこともあった。学期末に残りの講義
時間が足りなくなったためであろう。第2期中世が6割
前後，第3期は8-35%程度だったが，30/31年講義では，
第2期中世を約5割に減らし，第3期の近代を34%に増
やしている。第3期の講述に時間を多く割り当てるため，
第2期を手短に講述したことがうかがえる[8]。それでも時

稿」でこう述べている。「自由は無限に多義的な言葉である」ため，「無
限に多くの誤解と混乱と誤謬を引き起こした」，自由の抽象的原理に固
執することと，より詳しい具体的な規定にまで進展していくこととの区
別が重要だ。この区別に「わたしはいま講義の冒頭ですぐに注意を促し
ているわけだが，この区別は講義の全体を貫くものであって，他のとこ
ろでわれわれは特にこの事情に立ち返ることになろう」。これは推敲後
の文章であって，最初の文は次のようであった。「これは非常に重要な
ことであって，われわれはしばしばこれに立ち返ることになるし，何よ
りも世界史の終結部で，ごく最近の政治的な情勢を捉えるところで立
ち返ることになろう。」（GW.18,154 校訂注）。実際に1831年3月24日
（木），25日（金），28日（月，閉講日）を含む最後の三日間で宗教改革
からフランス革命を講義した。

7）26/27年講義はルターの改革を第2期の中で述べてしまったの
で，この部分を第3期に含めて調整した。

8）Hegel: Samtliche Werke. Jubilaumsausgabe Hrsg. von Hermann
Glockner. Bd,11, S.17, GW.18,344. 下田和宣訳，全集16.400 カール・ヘー
ゲル『G. W. F. ヘーゲル　世界史の哲学講義』「序言」「最後にかれは中
世と近世を数回の講義でまとめようとした。時間が押していたためであ
るが，また，キリスト教的世界では，……理念を大づかみするだけでよ
く，講義を短縮することができるからである。これに対して，後年の諸
講義では中国とインド，東洋は短くまとめられ，ゲルマン世界により多
くの時間と注意が向けられている」。

グラフ 2　ゲルマンの 3 期区分の割合

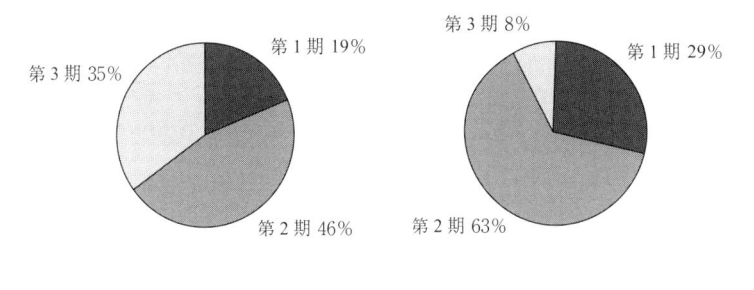

1822/23 年

第 3 期 35%
第 1 期 19%
第 2 期 46%

1824/25 年

第 3 期 8%
第 1 期 29%
第 2 期 63%

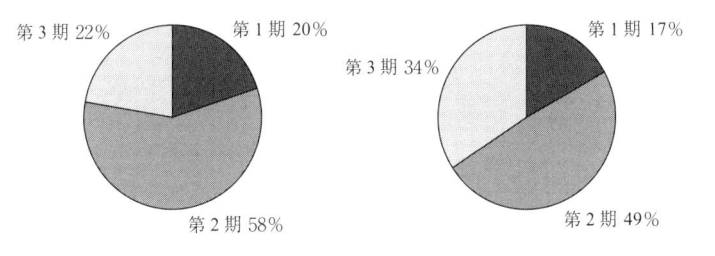

1826/27 年（調整済）

第 3 期 22%
第 1 期 20%
第 2 期 58%

1830/31 年

第 3 期 34%
第 1 期 17%
第 2 期 49%

間配分はうまくいかず，閉講日の 1831 年 3 月 28 日に，
宗教戦争，フリードリヒ 2 世，七年戦争，啓蒙主義，デ
カルト，ルソー，フランス革命，国民議会，ロベスピエー
ル，フランスの「混乱の 40 年」（1789 年から 1830 年），フ
ランス革命の歴史的意義，リベラリズムとアトミズム批判
等々，多くのテーマを取りあげ，全集版にして 21 頁分を
占める。閉講日に講義時間を延長した可能性も考えられ

1 30/31 年講義は七月革命の衝撃を受けて近代に重心を置く

る。

七月革命の衝撃

七月革命の動乱によってブルボン王朝の支配は終わりを告げ，再び革命の季節が始まった。ウィーン体制下の反動的安定も破られた。革命はベルギー独立運動に飛び火し，ネーデルラント王国の瓦解を招いた。ロシアに対するポーランドの蜂起をひき起こし，北ドイツ各地でもウィーン体制に対する暴動が発生した。そして海を渡ってイギリスの選挙法改革運動を刺激した。ヘーゲルは人生最後に全ヨーロッパを巻き込んだ激動に遭遇した[9]。息子カールも「父は七月革命に驚愕し，そこに，理性国家の確固とした地盤を揺がすと思われるような破局を見た」と伝えている[10]。

最終学期の講義には，それまでの講義とは異なる目立った変化があらわれる。この学期にゲルマン世界の第3期近代はさらに次の3期に区分される。

表1　30/31 年講義：ゲルマン世界第3期近代の区分

1	宗教改革　GW.27,4.1531-1544
2	宗教改革以後の諸国家の形成と宗教戦争　同 1544-1554
3	啓蒙思想とフランス革命（18 世紀中頃からヘーゲルの現在まで）同 1554-1570

近代は宗教改革をもって幕を開ける。26/27 年講義では中世末期の「教会の堕落」の文脈の中でルターの改革も述

9)　七月革命後のヘーゲルについては，Jaeschke, *Hegel Handbuch*, S. 56, 312 イェシュケ『ヘーゲル　ハンドブック』p.92-93, 407 参照。

10)　*Hegel in Berichten seiner Zeitgenossen*. Hrsg. von Friedhelm Nicolin, 1970. S. 415.

べてしまったが，30/31 年では，元に戻して第 3 期近代を
宗教改革から始めている。宗教改革の精神は啓蒙主義へと
引き継がれ，自由意志の原理がフランス革命となって姿を
あらわす。表 1 の 3 はヘーゲルにとって「最近 40 年」の
現代史である。この部分の叙述が圧倒的に充実した。こ
れが最終学期のもっとも目立った変化である。その最大
の要因は前年に勃発した七月革命の衝撃であった。かつ
てヘーゲルは「1815 年および 1816 年におけるヴュルテン
ベルク王国地方民会の討論」（1817 年執筆）の中で，「最近
の 25 年間」（1789-1814 年）を「われわれにとって最も教
訓に富んだ年月」と呼んで[11]，フランス革命勃発以降の歴
史的な経過の中から教訓を汲みとろうとした[12]。その作業
にいま一度立ちかえろうとした。ただし今度は「大混乱
の 40 年」[13]（1789-1830 年）が対象となる。31 年に講述され
た「世界史の哲学」の終結部分には，ヘーゲルが終焉の年
に初めて試みた現代の歴史的把握という重みがある。ゲル
マン世界についての旧版の情報の多くはこの学期の講義録
から採られている。ところがガンスとカールがそれに頻繁
に改竄の手を加えているため，極めて重要な講述がこれま
で歪められた形でしか伝えられてこなかった。以下では，
講義録に見られる思考の流れをできるだけ納得いく形でた
どってみたい。

11）　GW.15.61. ヘーゲル『政治論文集』上妻精訳，岩波文庫，
1967 年，下巻 p.64. 他に p.11, 13, 62, 65, 81, 87。
12）　滝口清栄『ヘーゲル『法（権利）の哲学』──形成と展開』
御茶の水書房，2007 年，p.177。
13）　GW.27,4.1566.

2　宗教改革と宗教戦争

宗教改革についての叙述の冒頭でヘーゲルはこう述べている。

　　宗教改革の直接のきっかけは，悪と罪悪を金で贖うことができるという厚顔無恥で破廉恥な免罪符の販売であった。けれども，そのような直接的なきっかけは，この際は全体としてどうでもよい。……このような〔歴史的な〕出来事は，宗教改革ならば例えばルターというように，個人に結びついているわけではないからだ。偉大な個人はむしろ時代そのものによって生みだされる。免罪符を売って得た金は〔バチカンの〕サン・ピエトロ大聖堂というキリスト教会のもっとも壮麗な作品のために使われた。しかし，ミケランジェロが「最後の審判」で飾ったこの建物〔システィーナ礼拝堂〕の完成は，まさしく教会そのものの最後の審判 das jüngste Gericht der Kirche を導いた[14]。（強調は引用者）

ガンスは初版でこれを採用したが，カールはこれを次のようにやわらげている。

　　サン・ピエトロ大聖堂の完成と教皇礼拝堂〔シス

---

[14]　GW.27, 4.1531.

ティーナ礼拝堂〕のミケランジェロによる「最後の審
判」の完成は，この壮麗な建造物の最後の審判であ
り崩壊 das jüngste Gericht und der Sturz dieses stolzen
Baues だった[15]。（強調は引用者）

　これはおそらく 22/23 年のグリースハイム講義録の記述
「もっとも壮麗で最高の教会建築の最後の審判 das jüngste
Gericht für diesen stolzen und höchsten Bau der Kirche[16]」か
らとったものであろう。なぜ 22/23 年の記述に置き換えた
のであろうか。宗教改革を引き起こした本質的な要因が
「ルター個人に結びついているわけではない」という言い
方がまずカールには気にいらなかったであろう。当時，ル
ターへの個人崇拝があった中で，父ヘーゲルは一宗派の祖
としてのルターそのひとではなく，時代そのものの新しい
文化の出現に重きを置いているからだ。次に「教会その
ものの最後の審判」という表現はあまりにも刺激的であっ
た。そのため，「教会そのものの最後の審判」を「壮麗な
建造物の最後の審判」に置き換えたのであろう。66頁注
34）で述べたように，ヘーゲルが生前カトリックを誹謗
したとしてベルリンの司祭から抗議を受けたことがカール
の頭をよぎったのかもしれない。
　ヘーゲルは宗教改革のより根本的な基盤は「ドイツ国民
の内面性」にあると言う。聖餅や奇蹟や免罪符という外面
的で感覚的なものに依拠する信仰に対してルターが対置し

15）　SK.12.494. 長谷川訳，下311.
16）　GW.27,1.444Anm. 伊坂訳，下291.

たもの，それは，和解は信仰と〔神との一体性の〕享受の中にのみあり，癒しのプロセスは心胸と精神の中でのみ実現するという単純明快な教えであった[17]。

　さらに，ルターによるドイツ語聖書の意義が語られている。これはこれまでの講義にはなかった。ルターは教会の外面的な権威に代えて聖書と人間精神の証をすえた。聖書そのものがキリスト教会の基礎とされ，各人が聖書に学び聖書の中に良心の源を求めるようになったことは原理の大転換である。ルターが聖書をドイツ語に翻訳したことは，ドイツ国民にとって計り知れない意義をもっていた。これによってドイツ国民はカトリック世界のどの国民ももちえない「国民の書 Volksbuch 民衆本」をもつことになったと述べている[18]。宗教改革以降の歴史叙述では，初年度の22/23 年講義は政治的な視点が優勢であったのに対して，最終学期では文化的な視点が優位に立ってくる。ドイツ人が自国語の聖書をもったことの意義に注目するのも，この特徴をよく示している。国民の書が存在するには，なによりも国民が読むことができる，つまり識字能力があるということが必要だ。この点でプロテスタントの国々はカトリックの国々にくらべて有利である[19]。聖書が国民を教育する共通の教科書として，国民が一つの文化を共有しうる基盤をつくっているからである。このように近代国家を支える共通の文化的基盤という視点から，ルターによるドイ

---

17)　GW,27,4.1532.

18)　GW.27, 4.1533f. 1831 年宗教哲学講義の中でもルターの聖書翻訳の意義が強調されている。山﨑訳, p.688。

19)　GW.27, 4.1534.

ツ語聖書の意義が強調されている。

　次に宗教改革がヨーロッパの一部地域（純ゲルマンのド
イツ，スカンジナヴィア，イングランド）にしか受け容れら
れず，ロマン系の国民（イタリア，スペイン，ポルトガル，
フランスの一部）には浸透しなかったことが指摘されてい
る。ヘーゲルはその要因として「ゲルマン国民の内面性」
をあげ，国民精神のありように注目している[20]。ロマン系
の国民は世俗のことは世俗のこと，宗教は宗教と割り切っ
ている。彼らは一方で感覚的な欲求の満足，世俗的な目
的の実現を追い求めながら，他方で宗教的な義務を自分に
とって外面的なものとして扱うことができた。固定的な分
別 Verstand は両者を分離して，その間の矛盾を意に介さ
ない。「国民が精神の総体を満足させたいという欲求を感
じていない」からだ。これに対して，精神の緊密な内面性
Innigkeit を重視するゲルマン系の国民は，世俗的な感覚
的な欲求と宗教的な欲求とを別々のこととして割り切るこ
とはできなかった[21]。カトリックは司祭の独身制，営利活
動を否定する清貧，教会への盲目的な服従という三つの聖
性を誓う。しかしこれらは，結婚という家族の倫理，勤労
に基づく所有という市民社会の倫理，理性的な法への服従

---

　20)　GW.27, 4.1537 ドイツ人の気風を他の国民と比較した考察
については，ヘーゲルの時代のドイツを，ドイツ人の習俗と性格か
ら文学と芸術，哲学と宗教に至るまで包括的に比較考察したフラン
ス人女性，スタール夫人（Anne Louise Germaine de Staël,1766-1817）
の De l'Allemagne『ドイツ論』（1810 年）が参考になる。スタール夫
人『ドイツ論』第 1-3 巻，梶谷温子・中村加津・大竹仁子訳，鳥影社，
2000,2002,1996 年。

　21)　GW.27, 4. 1537f.

という国家の倫理に反するものだ。世俗の倫理 Sittlichkeit
にまっこうから反する聖性 Heiligkeit（表2）。この矛盾
を放置したままで精神の安らぎを得ることは不可能だっ
た[22]。世俗の倫理に反する三つの聖性を撤廃して，共同倫
理的なものとの和解を精神は自分自身の中で成し遂げなけ
ればならない（表2参照）。「共同の倫理にかなった正しい
こと Das Sittliche und Rechte は神的なものであり，神の掟
でもあって，内容からいって，これ以上に高く神聖なもの
は他にないということが知られるようになった」[23]。これに
よって自由な活動から生じる現実が良心と矛盾しなくな
る。自由は安心して発展し正当化される。法治国家が安定
する基盤もここにある。なぜなら，カトリック教会におい
ては司教たちはしばしば宗教的な良心を盾に国法に対立
し，王の殺害や国家転覆の陰謀などに加担したからだ[24]。
プロテスタント国家では，このような行為がもはや宗教的
な良心の側から是認推奨されることはなくなった[25]。

表2　宗教の倫理である聖性（Heiligkeit）と
世俗の倫理（Sittlichkeit）との対比

三つの聖性（Heiligkeit）	世俗の倫理（Sittlichkeit）
司祭の独身制（純潔）	結婚という家族の倫理
営利活動を否定する清貧	勤労にもとづく所有という市民社会の倫理
教会への盲目的な服従	理性的な法への服従という国家の倫理

---

22)　GW.27, 4. 1538ff.

23)　GW.27, 4. 1538.

24)　GW.27, 4. 1539f.

25)　山﨑純「宗教と国家との和解——宗教の私事化から再公共化
へ」，『ヘーゲル哲学研究』vol.22. 2016 年，p.86-99 参照。

　このように和解を達成したプロテスタンティズムではあるが，この和解は未完であった。宗教改革によってすでに世俗との和解は成し遂げられたが，しかし，まだnoch nicht 主体的な自由が「一つの体制として形成される」には至っていない。宗教改革はさしあたって修道院や教会領の廃止といった改革に限られ，「共同倫理的な世俗の体制 System der sittlichen Weltlichkeit にまで進まなかった」からだ[26]。宗教改革の精神はその後も世俗の国家体制へと具体化し，その完成にむけて発展していくこと[27]が強調されている。

宗教戦争

　宗教改革後の宗教戦争は「プロテスタント教会が政治的な存在を得ようとして行った闘争」と規定される[28]。プロテスタント教会の存続はこの戦争によってのみ確保されえた。三十年戦争とその結果であるウェストファリア条約によって，プロテスタント教会は独立した教会として認められ，世俗世界の中でもその存立を勝ち取ることができた。この独立はしかしまだ政治権力によって保障されてはいな

---

　26)　GW.27, 4. 1540.

　27)　このように自由と理性というキリスト教の原理が世俗世界に浸透して行くこと Einweltlichung が本来の「世俗化」である。1827 年の宗教哲学講義でヘーゲルはこう語っている。「〔聖と俗との〕矛盾は国家共同体（人倫）の中で解消し自由の原理が世俗それ自身の中に浸透 eindringen して行く。世俗が理性の概念と永遠の真理にしたがって形成されるとき，世俗世界は自由が具現したものであり，理性的な意志となる」（V.5.264 山﨑訳，p.568）。

　28)　GW.27, 4. 1550.

かった。この保障をプロテスタント教会はフリードリッヒ2世による七年戦争の勝利によって初めて得た[29]。22/23年講義は七年戦争を本格的な「国家体制をめぐる戦争」として特徴づけていた（63頁）。これに対して30/31年では「七年戦争はそれ自体は宗教戦争ではなかったけれども，しかし，兵士と列強権力の心情の中では宗教戦争であった」と修正される[30]。この戦争をプロテスタンティズムという新しい文化の存亡をかけた戦いとしても捉えている。22/23年の近代把握が政治的な視点からのものであったのに対して，30/31年のそれは心構え（Gesinnung）を重視したより広い文化論的な視点に立つ。七年戦争の評価の変化はこの違いを鮮明に示す一例である。

3　啓蒙思想とフランス革命
—— 抽象的自由の原理に対する批判

フリードリッヒ2世は宗教改革の精神と啓蒙主義の思想をもって国家建設に取り組み，「プロイセンをプロテスタント教会の擁護者」の地位へと高めた。これが宗教改革以後の歴史的な成果だとヘーゲルは言う。フリードリッヒ2世の中ですでに宗教改革と啓蒙主義とが融合されていたが，ゲルマン世界第3期の第3段階（すなわち世界史の最終段階）で，舞台をフランスに移して啓蒙主義の発展が主題化される。そして啓蒙思想が現実に向かうことで生じた

---

29)　GW.27, 4. 1550.
30)　GW.27, 4. 1554.

フランス革命が詳しく検討される。

「最後の旗」

　宗教改革の内面性の原理は，カトリシズムのフランスで
は抽象的な普遍性という形式をとった。「思想の意識はい
まやデカルトにおいて開花した」[31]。純粋にゲルマン的なド
イツ国民では精神の意識が開花したが，ロマン系のフラ
ンス国民では普遍的なものを抽象することが最初になされ
た。それによって新しい立場，新しい関心が開花した。こ
の「フランス的抽象」の思考原理が世界史の最後の原理と
して登場してくる。それが外部世界へと向かうと，「絶対
的な自由」の主張となって，革命を引き起こす。

> 　自由というこの原理とともに，われわれは世界史の最
> 後の段階に zum letzten Stadium der Weltgeschichte 移
> 行し，われわれの時代の形式へと移る。……人間は意
> 志である。人間は意志をもち，その意志することを行
> うかぎりで自由である。このことがフランスではとり
> わけルソーによって打ち立てられた[32]。

　22/23 年講義では，ルターが掲げたキリスト者の自由を
指して「これが最後の旗印であり，そのまわりに民衆が
結集する」とされていた（60 頁）。最終学期では，啓蒙の
「思考こそがいまや民衆を結集した旗印である」[33]。近代の

31）　GW.27, 4. 1556.

32）　GW.27, 4. 1557f.

33）　GW.27, 4. 1555.

幕開けを告げる「旗印」が宗教改革から啓蒙主義とフランス革命へと，具体的にはルソー（Jean-Jacques Rousseau, 1712-78）が掲げる自由意志の原理へと移され，ここが「世界史の最終段階」とされる[34]。

　初年度には，宗教改革の意義が述べられたあと，革命はそこからの逸脱としてエピソード的に扱われていた。この扱いは 26/27 年まで基本的には変わらなかった。30/31 年になると，革命を導いた啓蒙主義は宗教改革の発展形態の一つに位置づけられる。しかしこのことは革命の原理＝自由意志の原理が留保なく是認されたことを意味しない。序論でのアナクサゴラスのヌース論への批判（31-33 頁）がこれに呼応している。自由が抽象的に捉えられて具体的なものにまで進展しなかったことが批判されている。むしろこの批判を存分に展開するためにこそ最終学期で現代史が詳述されたのだ。まず，自由意志が次のように批判される。

　　意志と思考の原理は……形式的である。その中には何が権利であり義務であるかという内容がまだない。それは単なる形式であって，内容ではない。……人間は理性の自立性に達したところで，初めは理性をこの単純さの中で受けいれた。ここで次の問いが生じる。ドイツ人は理論にとどまったのに対して，なにゆえにフランス人は直ちに実践へ移ったのか[35]。

34）　F. Hespe,a.a.O. S.185,187. 前掲訳，p.283,289.
35）　GW.27, 4. 1559.

この問いにヘーゲルはこう答える。ドイツ人は宗教改革によって世俗的現実との和解を成し遂げていた。独身制，怠惰な貧困（勤労に基づく所有の否定）という腐敗した制度は撤廃され，教会への盲目的な服従の要求はもはやない。これに対してフランスでは，法律は抽象的な良心の抵抗に出会う。普遍意志の原理は掲げられても，何が普遍意志か？　政府の意志か教会の意志か，多数者の意志か君主の意志か等々をめぐって果てしない論争と混乱が続く。世俗の倫理を否定するカトリック的な心性が残っているかぎり，国法の遵守は望むべくもない。理性的な国法に従うという心構えがあって初めて法治国家（立憲国家）の安定もありうる。世俗国家を無視して教会が指示する神の命令に盲目的に服従することが神聖と見なされるならば，どのような政権も安定を見いだせないであろう[36]。

してみれば，近代国家の安定にとって宗教改革は不可欠の要件ということになろう。「プロテスタントだけが法的・共同倫理的な安定に達することができた」からである[37]。

---

36)　GW.27, 4. 1559f.

37)　GW.27, 4. 1559 こんにち法治国家として安定している国々の中には，カトリックが優勢な国も多い。法治国家の安定がプロテスタンティズムの中にのみあるというヘーゲルのテーゼは，その後の歴史で妥当しなかったかと言えば，そうではない。ヘーゲルのテーゼは国家と宗教との和解の必要性を意味しており，当時その和解の可能性を切り拓いたのがプロテスタンティズムだった。その後，カトリック教会は，とりわけ第2バチカン公会議（1962-65年）で大きく変わった。公会議で採択され唯一，教会の外の世界に向けられた公文書「現代世界における教会に関する司牧憲章」（現代世界憲章，1965年発布）は，第2部の「第1章　結婚と家庭の尊厳の推進」や「第3章　経済・社会生活全体のための若干の原則」，「第4章　政治共同体の生活」などで，ヘーゲルが家

フランスでは世俗を無視するカトリック的な心性が清算されないままに，そこに自由の抽象的な原理がリベラリズムとして接ぎ木された。そのため「自由意志の原理は外面的なものに固定されて，具体的なものにまで進展しなかったのである」[38]。

心 構 え

この視点から「心構え」の問題が重視される。

> 法 das Recht 以上に高いものはなく，世俗の事柄に関してはこれ以上に神聖なものは他にないという心構えが，政府と国民がもっている最後の保障である[39]。

フランスは心構えに対する改革を怠ったために，ロベスピエール（Maximilien Robespierre, 1758-1794）の恐怖政治に始まりナポレオンの統治，その崩壊，王政復古，七月革命というめまぐるしい転変と混乱が続いた。このような問題意識から，晩年のヘーゲルは国家と宗教とのより深い

族・市民社会・国家のそれぞれの倫理に反するとした聖性の規定を転換した（ただし司祭の独身制はいまも堅持されている）。「現代世界憲章」第43項は「天上と地上との2つの国の市民であるキリスト信者は……一方には職業的・社会的活動，他方には宗教生活というように，両者を対立させる誤りを犯してはならない」と勧告している（第2バチカン公会議文書公式訳改訂特別委員会（監修，翻訳）『第二バチカン公会議改訂公式訳』カトリック中央協議会，2013年，p644）。これによって，この世と共に生き行動し世界と人類に奉仕するという新しい教会の姿が提起された。

38) GW.27, 4. 1561.
39) GW.27, 4. 1564.

連関に着目するようになった。それは政教分離原則をかな
ぐり捨てることを意味しない。国家による宗教の強制も宗
教による支配もあってはならない。この立場をヘーゲルが
放棄したことは一度もなかった。表層的な意味での政教一
致ではなく，より深い文化論的視点から，国家の安定は宗
教的な良心（心構え）のあり方にかかっていることへの洞
察である[40]。この文化論的な視点からリベラリズムの挫折
の原因が検討される。

4　リベラリズムの破綻

フランス革命はフランス国内の事件にとどまらず，「世
界史的な事件」へと発展していく。「ナポレオンはその偉
大な個性の力をもって国外へ向かい，全ヨーロッパを席
巻し，至るところに自由の制度をしいた」[41]。革命の輸出に
よって次のような事態がもたらされたとヘーゲルは言う。

　　現代のほとんどすべての国家がフランス的な原理であ
　　るアトミズムの原理，いわゆるリベラリズムに門を開
　　くことになった。けれどもこのリベラリズムは至ると
　　ころで破産した。まずスペインでフランス商会が破産

　　40）　このテーマをヘーゲルは 1831 年の宗教哲学講義でも深めた。
『宗教哲学講義』山﨑訳，p.595-611，法治国家を下支えするものは何か
という現代的な課題にも通じる。ベッケンフェルデやハーバマースなど
の議論との関連については山﨑純「宗教と国家との和解──宗教の私事
化から再公共化へ」p.92-97 で扱った。
　　41）　GW.27, 4. 1566.

し，ついでイタリア，ドイツなどでも破産した。……
リベラリズムはロマン系の国々の全体に浸透したが，
それらの国々はすでにカトリシズムによって分裂して
いて，旧体制の中に沈潜していたからだ[42]。

　このように，革命の結末がアトミズムの原理に基づくリ
ベラリズムの破綻として捉えられる。Liberalismus（リベラリスムス）という
語を用いているが，この語はドイツでは19世紀初頭から
外来の新しい造語として用いられるようになった。liberal
は古フランス語の liberal，ラテン語の līber（自由な，寛大
な）と līberālis（自由な人にふさわしい，上品な，寛大な，気
前がよい）に由来する。フランス語のリベラルはラテン語
の līberālis から作られた借用語であった。それは政治的な
概念ではなく，個人の徳を意味する道徳的な概念であっ
た。これがフランス革命の中で政治概念化していく。政治
的立場を異にするさまざまな党派からさまざまな意味合い
を込めて用いられた。ドイツに入ってきたリベラリスムス
という政治的な言葉も，一義的な意味をまだもっていな
かった[43]。

　ヘーゲルは『法哲学』の国家と宗教との関係に言及した
ところで，有機的に組織化された強固な国家では，その強
さのゆえに，教団との関係では，よりリベラルに liberaler

---

[42]　GW.27, 4. 1567.

[43]　*Geschichtliche Grundbegriffe: Historisches Lexikon zur politisch-
sozialen Sprache in Deutschland* . Hrsg. von Otto Brunner, Werner Conze
und Reinhart Koselleck. Bd.3. 1982.S. 744f.

（より寛大に）に振る舞うことができると述べている[44]。これはラテン語の līberālis の原義に近い意味である。

　これに対して，30/31 年の世界史の哲学講義の，ヨーロッパの至るところで「リベラリズムは破産した」という叙述には，当時のヨーロッパを席巻した「リベラリズム」という政治スローガンに対する胡散臭さが示されている[45]。「フランス的な原理であるアトミズムの原理，いわゆるリベラリズム der sogenannte Liberlismus」と言って，フランス的な原理とアトミズム（原子論）の原理とリベラリズムとを同一視している。だが，時間が押してきていたせいか，原子論の原理とリベラリズムとの関係について詳しく述べていない。この関係については，「イギリス選挙法改正法案について」という論文を見るとよくわかる。この論文は，この学期終了直後の春休みに，つまり 1831 年 3 月末から 4 月 26 日までの間に執筆したもので，ヘーゲルの最後の政治論文である[46]。

　「イギリス選挙法改正法案について」

　イギリスでは，産業革命によって台頭した新興ブルジョアジーと労働者が七月革命の影響のもとに，議会改革を求めて強力な連合戦線を形成していた。選挙区制度は 16 世紀以来手つかずで，産業革命による人口移動によって著し

　44）　『法哲学』§270 Anm.

　45）　26/27 年講義の中では，フランスの「抽象的な諸原理が理性的な自由を破壊した。人々は抽象的な諸原理に不当にもリベラリズムという名前をつけた」と述べていた（GW.27,3.1146）。

　46）　この論文の執筆の経緯などについては全集 14. 631-644 参照。

いアンバランスが生じていた。人口が皆無となっているのに依然として議席をもつ町（腐敗選挙区）があるかと思うと，他方で，マンチェスターやバーミンガムなどの新興産業都市は，10万を超える人口を抱えながら，1人の代議士をももつことができなかった。こうした不均衡を是正し，新興都市にも議席を配分し，ブルジョアジーを含む中産階級にも新たに選挙権を与えようとする画期的な改革法案が，1831年3月1日に上程された。この第1次選挙法改正は，その後のチャーチスト運動を引き起こし，19世紀後半から数次にわたる改正を経て，ついに普通選挙権の確立（1928年）に至る動きの始まりであった。ヘーゲルは学期休み（4月上旬）を利用して，『プロイセン官報』をもとに法案の内容を子細に検討し，「イギリス選挙法改正法案について」を著した。

　この論評も晩年の保守的傾向を示すものとして扱われてきた。しかし，ヘーゲルは代議制一般や選挙権の拡大一般に反対していたのではない。むしろそれを近代国家のスケールにふさわしい制度と考える。議会は市民を陶冶する最大の手段の一つ（『法哲学』§315）であって，選挙権が全市民に与えられ，彼らの身近な利害関心が国家の利益と結びつくことが望ましいと考えている。ヘーゲルがイギリス選挙法改正法案に反対するのは国民代表制という理念に対する疑問からである。国民代表制という理念は1789年にフランス国民議会の中に芽生え，やがて近代民主主義国家の議会制度として普及定着した。こんにちリベラルな国家のメルクマールとされている国民代表制の理念にヘーゲルは一貫して反対だった。むしろ団体主義に立って職能身

分制議会（Stände）を支持していた。自治団体や職業団体を基盤（選出母体）として各役員が代表として選ばれるならば，国民の主要な諸利益が議会に反映される。代表は抽象的な「人間の権利（le droit de l'homme）」ではなく「具体的で実質的な諸権利 materielle Rechte」[47]との関わりの中で事柄（施策）を検討できる。個人は身近な具体的な諸関係の中で陶冶され，国家の公事という普遍的なものに関わることができる。中間諸団体が個人を国家へ結びつける紐帯として，媒介的な役割を果たすことができる。これに対して，「あらゆる市民の平等な選挙資格という普遍的な原理」[48]は，一切のしがらみを捨象した裸の「人間」に帰属すると考えられる権利である。それはフランス革命の中で最も純化されて宣言された「人（一般）の権利・人権（le droit de l'homme）」という「抽象的な思考原理」に基づいている。すべての人間が生まれながらにして自由・平等であるという理念は，封建的な身分的拘束を一気に払いのける解放的威力を発揮した。ヘーゲルはしかし，伝統を一挙に解体へ追いやるこの威力をおそれた。もしそうなったら，個人は国家に対して丸裸の抽象的な「人間」として対峙する。国家と個人を結ぶ媒介的な絆は引き裂かれる。個人は人倫国家の有機的に分節化された全体に統合されることなく，原子のような群れと化す。その中で個人は自己の直接的な確信がそのまま「人民の意志」として妥当することを要求する。フランスにおける混乱の究極の要因がそこ

47）　GW.16.368　滝口清栄訳，全集 14.508。
48）　GW.16.367　全集 14.508.

にある。近代自然法の原子論的存在観と媒介・紐帯を欠く直接性の論理をヘーゲルは「フランス的抽象 französische Abstraktion の危険な形態」[49]と呼び，これを革命の混乱の根本原因とみなした。それゆえ，一定の所得を超える者に一律平等に選挙権を与えるという改革法案は，イギリスの運命を「フランス的抽象」にゆだね，国家の存立を危機にさらすものとヘーゲルには思われた。

　世界史の哲学の最終講義がフランス的な原理とアトミズムの原理とリベラリズムとを等置したのには，そのような意味があった。

　リベラリズムをめぐっては，近年では米国のロールズ（John Bordley Rawls, 1921-2002）やノージック（Robert

---

　49）　GW.16.392　全集 14.523 デュルケーム（Émile Durkheim, 1858-1917）も中間諸団体の媒介的な役割を重視していた。職業団体は，個人を精神的孤立状態から救い，自己本位的自殺とアノミー的自殺を防止する切り札だった。彼もまたフランス革命による均質化を憂い「選挙区を地域的区分によってではなく，同業組合によって区分すること」を提案していた（デュルケーム『自殺論』宮島喬訳，中央公論社，世界の名著，1980 年，p.362f,『社会分業論』田原音和訳，青木書店，1978 年，第二版序文参照）。

カール・ヤスパース（Karl Jaspers, 1883-1969）にも次のように同様の発想が見られる。「多くの者が具体的課題に参加して，民衆が実際に自己を教育する。……自主的な地方共同体の行政運営がデモクラシーのエートスの発生に不可欠な意義をもつ。最も身近なごく小さな範囲内で，いつでも生活の中で実際営まれた経験だけを，人間は十分成熟させて，人間がより大きな範囲，膨大な範囲において，民主的に実現すべきものとなしうる」(Karl Jaspers, *Vom Ursprung und Ziel der Geschichte*. 1949, S.212『歴史の起源と目標』重田英世訳，理想社，1964 年，p.308)。国民代表制への批判的視点は古色蒼然たる身分制議会への復帰を意味するものではない。国家や社会などの有機体的な連関と相互協調を重視するコーポラティズム的な発想への示唆を与えるものである。

Nozick, 1938-2002）などの論争についての議論が盛んで，わが国でも関連する多くの著作や翻訳が出されている。しかし，米国でリベラリズムが政治的伝統になったのは 20 世紀になってからである。リベラル liberal という語が政治概念となるのは，ヘーゲルが世界史の哲学を講義する少し前のことであり，フランスがリベラリズムの歴史において中心的な役割を果たした。現在の米国の日常会話では，リベラリズムは自由な市場と「小さな政府」を表す言葉として[50]，個人の自由をできるだけ確保することを意味している。しかし，liberālis の原義は，先に示したように，「同胞市民に対して気高く寛大な心をもち，そのように振る舞うこと」である。つまり，「思いやりをもち，公共のことに気を配る市民になること，自分は他の市民に支えられて生きていると理解し，その上で共通善につながるよう行動すること」を意味していた[51]。これは古代ローマのキケロ（Marcus Tullius Cicero, 前 106- 前 43）やセネカ（Lucius Annaeus Seneca, 前 1 頃 - 65）の伝統につながる。その対義語は利己主義であった[52]。それゆえ，こんにちの個人主義的なリベラリズムの理解とは対極にある貢献心，他人へ

50）　ヘレナ・ローゼンブラット『リベラリズム──失われた歴史と現在』三牧聖子・川上洋平訳，青土社，2020 年，p.7. リベラルの定義はさまざまである。フクヤマは最新著で「法の支配」という意味でリベラリズムを用いている。「多様性を平和的に管理する」寛容という古典的リベラリズムの伝統を再考しつつ，トランプ現象以降の現代米国のリベラリズムの危機的状況を考察している。フランシス・フクヤマ『リベラリズムへの不満』会田弘継訳，新潮社，2023 年，p.20, 24。

51）　ローゼンブラット p.13。

52）　ローゼンブラット p.18。

の思いやりと寛大さ，感謝の気持ちがリベラルたることなのである[53]。ヨーロッパ人はリベラルさを2000年以上にもわたって必要不可欠な美徳とみなしてきた。これがリベラルの伝統の核心である[54]。ヘーゲルはまさにこうしたヨーロッパ的伝統の中で「リベラリズム」という新語と対峙したのであった[55]。

---

[53]　ローゼンブラット p.20。セネカは「人を助け，人の役に立つことは，気高く高潔な心の持ち主がなすべき行い」であり，「恩恵はこの世で最も喜ばしい経験」であると述べ，恩恵を与える動機となる「情け深く寛大な思い」を称揚していた（セネカ「恩恵について De Beneficiis」小川正廣訳『セネカ哲学全集2 倫理論集II』岩波書店，2006年，p.260，262,309）。

[54]　ローゼンブラット p.30。

[55]　フクヤマ（Francis Yoshihiro Fukuyama, 1952-）は「リベラリズムより他に優れた社会的・政治的な制度や原理はありえず……歴史の弁証法的発展はそこで終わりを告げる」とヘーゲルの主張を解釈するが（フクヤマ『歴史の終わり』上 p.123-124），じつは正反対で，リベラリズムの危機をヘーゲルは深刻に受けとめていた。フクヤマも最新著では，ローゼンブラットなどの影響を受けて，リベラリズムの理解を変えている。「リベラルな社会を維持するために必要な価値観に関して，中立ではありえない。もし社会がまとまろうとするのであれば，公共心，寛容さ，開かれた心，公共問題への積極的な関与を優先させる必要がある」（フクヤマ『リベラリズムへの不満』p.197）。

ヤスパースも「自由主義的思考 liberalistisches Denken の諸々の誤謬に対する正当な闘争は，自由精神 die Liberalität そのものに対する闘争となってはならない」と両者を明確に区別していた（Jaspers, *Vom Ursprung und Ziel der Geschichte*. S.222f. 重田訳，p.324）。

5　歴史的現在の総括
—— ヘーゲルの最後の近代認識の地平

　最終学期に見られる重要な変化の特徴を最後にまとめて
おきたい。

　(1) まず近代の始まりを告げる「旗印」つまり世界史の
最後の原理が，宗教改革から啓蒙主義へと移動した。

　(2) 初年度には，宗教改革とその後の国家形成とりわけ
フリードリッヒ2世の業績をもって世界史の叙述は実質的
に終結し，その後の暴力革命はこの王道から逸脱したエピ
ソード程度の扱いであった。これに対して最終学期は，宗
教改革後の国家形成と思想形成の歴史を相互に関連させな
がら詳述している。この中で啓蒙主義は宗教改革からの後
退という一面をもちながらも，基本的には近代的な精神の
一つの発展として，同一の世界史的プロセスの抽象的な道
として位置づけられている。初年度では，フランス革命を
導いた自由の原理が宗教改革の精神から区別されていた。
宗教改革をやり遂げたプロテスタント系の諸国と「宗教改
革なしに」暴力革命へと突き進んだロマン系の諸国とが類
型的に対置されたかたちで，講義が閉じられていた。

　最終学期には，ロマン系の自由の抽象的普遍の原理とゲ
ルマン系の自由の具体的普遍の原理との区別がより強く意
識されながらも，啓蒙主義の自由原理が宗教改革の発展と
して，一つの流れの中で捉えられている。宗教改革の中で
出現した自由の精神は，現実国家での自由の体制への具体
化と思想の領域での近代的な知の形成という2つの方向で

展開していく。2つの課題は別々にではなく，相互に連関
しあいながら進む。より正確には，思想面での精神的な陶
冶に導かれて，自由の原理が思想的に彫琢されていくこと
によって，初めて自由な政治体制の実現も可能となる。フ
リードリッヒ2世が称賛されているのもこの視点からであ
る。「啓蒙君主」と呼ばれた王は啓蒙の精神を国法として
具体化し立憲国家の方向性を切り拓いたと評価される。自
然の普遍的な法則を捉えようとする経験科学の立場。それ
を哲学的に基礎づけたデカルトの「普遍的なものについて
の意識」。「普遍（一般）意志」を唱えたルソー。「（自然と
法という）対象を，人間理性の中にその根拠をもつものと
して考察するこうした仕方を人は啓蒙主義 Aufklärung（la
Lumière) と名づけた」[56]。この啓蒙がフランスからドイツ
に入って来て，そこに新しい観念世界が出現する。ドイツ
では，ルターがすでに精神的な自由の真理と具体的な和解
の真理をつかんでいた。けれども，ルターが掲げた「キリ
スト者の自由」は神によって与えられたものであった。こ
の自由が実定宗教の中で啓示によって示されるものではな
く，人間が内面的に確信できる真理として展開するとき，
近代の哲学と経験科学が生まれる。

　　思考の中の自由としてのこの自由の原理とともに，わ
　　れわれは世界史の最終段階へ移行し，われわれのこん
　　にちの精神形態へと移行する[57]。

56）　GW.27, 4. 1557 Anm.
57）　GW.27, 4. 1557f. Anm.

　このように宗教から哲学への高まりという意味を含んで，啓蒙主義が宗教改革の継承者として位置づけられ，世界史の最終段階とされる。これによって，フランス革命の世界史的意義がはっきりと認められることになった。

　(3) 初年度は政治的な視点が優勢であったのに対して，最終学期は文化論的な視点が優位に立つ。初年度は宗教戦争を，カトリック勢力とプロテスタント勢力という二大宗派の間で闘われた「国家体制をめぐる戦争」と規定していた。その後，国家と宗教との文化レベルでのより深い連関にまなざしが向けられるにともなって，この捉え方では不十分になる。カトリック圏のフランスで先駆的に展開した啓蒙主義文化をも，より広い「文化としてのプロテスタンティズム Kulturprotestantismus 」[58) の現象として捉えていくことが可能になる。初年度講義はフランス革命などの挫折をロマン系諸国のこととして，宗教改革を成就したゲルマン系国家から切り離していた。最終学期には諸革命の挫折を，ヨーロッパ的な「自由の原理」の運命として捉え，この挫折の原因をヨーロッパ文化，とりわけ近代文化の中に探ろうとしている。

　(4) 近代的な自由の原理を「すでに」と「まだ」の間に位置づけている。近代に登場した自由の原理はたしかに世界史的な意義をもつものではあるが，これが抽象的に放置されたとき，いかに危険で怖ろしい結果を招くことか。この教訓を「混乱の 40 年」の中からヘーゲルは導き出そ

　58)　文化プロテスタンティズムとヘーゲルの関係については山崎純『神と国家　ヘーゲル宗教哲学』創文社，1995 年，第 4 章第 3 節参照。

うとした。「精神の自由」という語には，自分が望むどん
な内容でも盛り込むことができる。近代で「自由の原理」
が打ち立てられたからと言って，手放しで喜ぶわけには
いかない。自由の具体的な意味内容が彫琢されなければ，
自由は果てしない混乱と破壊の渦の中に結局は没してし
まう。これをわれわれはフランス革命以来の「混乱の 40
年」の中に見たとヘーゲルは言う。「大事なことは精神が
自身の中で教養形成を続けていくこと die Fortbildung des
Geistes in sich である」[59]。近代にはっきりと姿をあらわし
た「主体（主観）的な自由」を孤立した個の自由（アトミ
ズム）としてではなく，それを生み出すに至った歴史的な
過程に結びつけ，歴史の中で発展していく自由として捉え
かえさなければならない。それが結局のところ世界史の哲
学の使命だったと言えよう。もともと自由の原理はキリス
ト教の中で芽生えたというのがヘーゲルの理解である。そ
れゆえ自由の原理を「宗教の原理」とも呼ぶ。この原理を
思想的に彫琢する課題を宗教から引き継ぐのは，世俗知
（Weltweisheit）としての哲学である。近代の哲学と国家の
中で自由の原理を実現すること。ここに「世界史の哲学」
最終講義の思想的な核心がある。

　　いまや権利の思想と概念があらわれてきて，これに
　対しては不法な旧体制も抵抗できなかった。そこで
　いまや権利の思想の中で一つの国家体制が打ち立て
　られ，この基礎の上にすべてが基づくとされた。太陽

---

59)　GW.27, 4. 1554.

が天空にのぼり惑星がそのまわりを回るようになって
からこのかた，人間が頭で立って，つまり思想で立っ
て，現実を思想に基づいて建設するということは一度
もなかったことであった。ヌース（理性）が世界を支
配していると初めて言ったのはアナクサゴラスであっ
た。しかしいま初めて人間は，思想が精神的な現実を
支配すべきであるということを認識するに至った。こ
れは輝かしい日の出であった。崇高な感激があの時代
を支配した。神々しいものと世界との和解がいま初め
て実現したかのような精神の熱狂に世界がわくわくし
た[60]。

　アナクサゴラスから2500年以上にわたる精神の陶冶形
成をへて，いま初めて思想が人間の社会的な現実を支配す
べきだという感激が世界を奮い立たせた。このファナティ
ズムから怖るべきテロリズムの混乱が生じたことを批判し
つつも，ヘーゲルはしかしこの「崇高な感激」の「世界史
的な」意義を決然と認めている。序論では陽は東方にの
ぼり四方に没すると言われていたのに，西洋のどまん中
に「輝かしい日の出」を見たのである。これは，哲学思想
の形成と国家の形成を通じて精神が精神自身に達したこと
を意味する。これまでも歴史は人間精神の行動の産物で
あったが，いま初めて人間は歴史的・社会的現実を自己の
所産と捉えかえすに至った。精神は歴史の中に他者を見る
のではなく，自己自身を認める。自己が自己を知るという

---

60)　GW.27, 4. 1561f.

究極目的が達成される。精神はみずからの思想の上に現実を築き，その中に自己を認識する。その意味で，それはたしかに一つの完成形態である。人々はここに「歴史の終わり」を読み込みたくなるであろう。しかし終焉の年のヘーゲルは，歴史が終わりに達したというような安穏な意識からもっとも遠い所に立っていた。フランスでの出来事は自由の原理の具体化の不十分さをさらけだした。主観的な意志が誤ったリベラリズムを掲げ，自己の主観を絶対化し，既成の秩序をことごとく破壊していく。こうした危機的状況こそ「歴史が解決すべき難問であり，歴史はこうした不協和と難問をもって終わる die Geschichte endet mit dieser Disharmonie und dieses Problem」[61]（強調は引用者）。歴史叙述は過去を扱い，いつもいま現在で終わる。その意味で歴史の叙述は難問を残したまま，いま終わった（「世界史の哲学」の閉講）。しかし，主体的な決断によって生きられる危機に満ちた本来の歴史がいま始まったのだ。ヘーゲルの最後の歴史意識を一言で表現すれば，人間は自由を獲得したことによって，いま歴史の本格的な始まりを迎えた，ということになろう。

6 「未来の国」アメリカ

　人間は自由の意識を獲得したことによって，いま歴史の本格的な始まりを迎えた。それがヘーゲルの最後の歴史意識だった。したがって四段階の発展図式においても歴史が

61）　GW.27, 4. 1567 Anm.

閉じているわけではけっしてない。さらにヘーゲルの「世界史の哲学」には，未来へ向けてもっと大きな窓が開いていた。それを端的に示す存在はアメリカである。アメリカは「世界史の哲学」講義本論で主題化されることはなく，序論の地理的区分の中で言及される。

　22/23 年講義の序論では，北米大陸，南米大陸，オーストラリアが「新世界」として，旧世界（アフリカ，アジア，ヨーロッパの三大陸）から区別される。新世界の中で，新興国家アメリカについてヘーゲルこう講じている。

　　　新しい国 neues Land としてのアメリカは未来の国 ein Land der Zukunft としてあらわれるであろう。ナポレオンは，旧世界は退屈だと言った。……北米の自由な諸国家（州）が，大きな国家でも自由でありうるし，共和国として成立しうる例として，しばしばあげられるのは事実だ。……北米はこれからやっと自己形成を遂げようとする国家であり，君主の必要をまだもたない生成途上の国家である。それはまだそこまで開花していないからだ。……そもそもアメリカという国家はやっと生成途上にある。……沿岸部からミシシッピ川の低地に向かって人々のたえまない波が押し寄せ，そこに国を築き，これらの集団は困窮した場合には，新しい土地を開墾して切り抜けた。けれども，すべての土地が占有されると，社会は自身からせき立てられて，産業の必要が生じてくるであろう。かくしてこの国家は必ずやいまとは別の国家体制をもたなければならないところまで形成されて行くに違いない。

アメリカに現存する端緒はヨーロッパ的な性格である。この国はいまは生成の国，未来の国 ein Land des Werdens, der Zukunft であって，それゆえこの講義の対象ではない[62]。

アメリカはこれからやっと自己形成をとげようとする国家である。君主の必要をまだもたない生成途上の国家であるが，新天地の開拓が限界に達したら，「必ずやいまとは別の国家体制をもたなければならないところまで形成されて行くに違いない」と，立憲君主制へ移行していくことを予言しているように見える。しかし，26/27 年講義ではアメリカは「まだ新しい若い世界だ。アメリカは未来の世界だ。われわれはこの世界について予言することをやめなければならない。予言は哲学から排除される」と述べている[63]。

30/31 年度の講義では，ヘーゲルは序論の地理的区分の中でアメリカに言及する理由を，「われわれはこの国（アメリカ）に関することをあとで再び触れなくてもいいように，いま〔序論で〕すべてを述べておかなければならない」と説明している[64]。叙述は 22/23 年講義に比べて，はるかに充実している。とくにアメリカの宗教的な歴史的背景や地理についての叙述が豊かになっている。その詳述はいまは省いて，アメリカの歴史的位置づけについてのみ考察する。

---

62) GW.27,1.80f. 伊坂訳，上 139-140.
63) GW.27,3.821.
64) GW.27,4.1205.

　　先住民は消え去った。住民はたいていヨーロッパ系
だけである。けれども，すべてはまだ生成のさ中にあ
る。アメリカは未来の国 das Land der Zukunft である。
世界のこの地域の世界史的重要性はむしろ未来に属す
る。それゆえこの地域はわれわれには無関係だ。この
国はまさに憧れの国 das Land der Sehensucht と呼ばれ
うる[65]。

　アメリカが世界史の中で占める位置については，未来に
しかわからないとして，留保している。22/23 年の講義で
は，アメリカはまだ立憲君主制に達していないが，いずれ
そこに達するだろうと予想していた。30/31 年の講述では，
君主制ではなくむしろ大統領制に触れている点が注目され
る。

　　北アメリカは共和主義的体制の根強い実例である。一
　　人の大統領という主観的統一が頂点に立つ。〔ただし，
　　権力を独占しようとする〕功名心を防いで国家の安全
　　を守るために，任期が 4 年に限られている[66]。

　ヘーゲルは「未来の国」では大統領制の可能性もあると
して，予言者として振舞うことを慎んでいる。さらに注目
すべき点は，旧世界ヨーロッパと対比される新世界アメリ
カの開放性についての言及である。

　65）　GW.27,4.1207.
　66）　GW.27,4.1211f.

現実の国家と確固たる国家統治の必要が生じるのは，諸身分の区別が現存し，富と貧困の格差が非常に大きくなった時である。そのような事情が生じるや否や，おびただしい数の人々が自分たちの欲求を，慣れ親しんだやり方ではもはや満たすことができなくなる。そこに国内の緊張状態が生じる。そのような状態がアメリカにはまだないのだ。……北米には，入植Kolonisation という逃げ道 Ausweg がいつでも開いている。おびただしい数の人々がアパラチア山脈を越えてミシシッピの平野へと流れ込んでいる。〔新たな土地への入植という〕この手段によって，人々の不満の主要な源泉が消えてなくなる。このようにしてのみ，市民生活の状態が継続できるのだ。それゆえ北米の自由な諸国家（州）の国家体制と統治様式は，ヨーロッパ諸国と比較できない。ヨーロッパ諸国には，そのような流出が不可能だからだ。もしもゲルマニアの森がまだ残っていたならば，フランス革命は起きなかっただろう。……北米諸国に確固とした国家権力への欲求がまだなく，それゆえにヨーロッパ諸国との比較ができないこと，これが重要な点である[67]。

アメリカには，無限とも思われる未開拓の土地が眼前に広がっていた。この開放性こそが，ヨーロッパの国家体制や政治制度との単純な比較を許さない最大の特徴点である。この意味での開放性は，近年では環境問題との関連

67） GW.27,4.1213f.

で，大井玄氏が指摘している。土地と資源は無限，世界は無限，目の前に無限の可能性が拡がっていれば，他人を害さない限り何をしてもいい。「競争を通じた生存を強いられるため，自我拡張的心理」が優勢となる。自律，欲望追求，移住の自由，個人の幸福追求権が重視される[68]。アメリカは地球温暖化対策の国際的な枠組み，パリ協定からトランプ政権時代に離脱した（2020年。その後復帰）。「無限とも思われる未開拓の土地が眼前に広がっていた」過去の栄光に囚われ現実を直視しなかったためであろう。

　ヘーゲルの時代，新世界アメリカは旧世界ヨーロッパとは，まさに環境がまったく違うため，ヨーロッパの歴史から，この国の将来について単純に類推することはできない。こうした理由から，ヘーゲルは「未来の国」アメリカについて予言者として振舞うことを慎んでいる。

　ヘーゲルが19世紀プロイセン国家の中に歴史を終わらせたという俗説には根拠がない。ヘーゲルは立憲君主制を最も望ましい統治形態と考えていたが，この体制でヨーロッパの政治が安定するという確信を最晩年にゆるがされた。死の前年の七月革命がヨーロッパの政治情勢を再び動揺させたからだ。最後の世界史の哲学講義（1831年3月末閉講）は，この新たな動揺に言及し，今後の推移を注視す

---

68)　日本生命倫理学会第16回大会（鳥取環境大学，2004年）での大井玄氏の講演趣旨。プログラム・予稿集，p.16-17参照。大井玄『環境世界と自己の系譜』みすず書房，2009年は開放系の文明と閉鎖系の文明とを対比し，これを，開放系の文明に育つ「アトム的自己」と閉鎖系における「つながりの倫理意識」「関係志向の倫理意識」との対立として捉えている。

ることを促している。

　さらに，歴史の未来に開いたもっと大きな窓として新世界アメリカの動向にも注目していた。大統領制を伴う共和主義政体が成立していることに言及しながら，これの継続可能性については，予言を避けている。アメリカについての歴史叙述は，「世界史の哲学」本論の4段階説（オリエント–ギリシャ–ローマ–ゲルマン）からは切り離されていたが，「未来の国」アメリカの存在は，4段階説で世界史が完結していないことを示している。

第5章

自由の意識の発展を法の歴史として
捉えなければならない

　ヘーゲルは世界史の中に「自由の意識の進歩」[1]を読み
こもうとした。しかしヘーゲルは世界史を完結した主権国
家の外に位置づけた。そこは，外交的な駆け引きや権謀術
数，暴力と戦争が支配する「自然状態」である。このよう
な「世界史」を舞台にして自由の意識の発展を読み込もう
とすることは所詮無理である。むしろ法の歴史の中にこそ
自由の意識の発展を読み取るべきであろう。「法の領域は
精神の領域であって，しかも自由の領域である」[2]とヘー
ゲルは述べていた。しかしながら，世界史の哲学講義で
は，法の歴史に関わる叙述が散見されるが[3]，自由の意識
の発展を法の歴史として一貫して講述しているわけではな
い[4]。世界史の位置は『哲学的諸学のエンツュクロペディー

　1）　GW.18.153　全集 16.143.

　2）　V.1.6　ヘーゲル『自然法と国家学講義　ハイデルベルク大学
1817・18 年』高柳良治監訳，p.6.

　3）　例えば，GW.27,3.1127.

　4）　26/27 年講義の中でこう述べている。「自由とは何であろうか。
それは法律と法・権利 (Gesetz und Recht) に他ならない。これは奇妙に
聞こえるかもしれない。なぜなら大抵の人間は，法律はむしろ自由の制
約だという固定観念に縛られているからだ。しかしながら理性は自由で

要綱』（1817年）第2部の客観的精神（法哲学に対応）の構成の中ですでに決定されていた（表1）[5]。自由の発展を法の歴史として展開できない事情もすでに『法哲学』の枠組みによって決定されていた。それゆえ『法哲学』の中で法の歴史がどのように扱われているかをまず考察しなければならない[6]。

表1 『ハイデルベルク・エンツュクロペディー』の構成

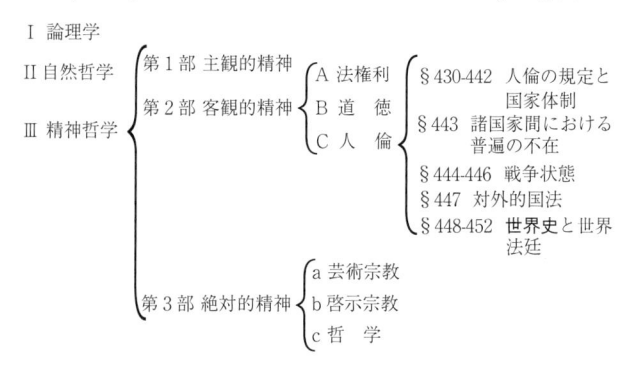

I 論理学
II 自然哲学
III 精神哲学

第1部 主観的精神
第2部 客観的精神
　A 法権利
　B 道 徳
　C 人 倫
　　§430-442 人倫の規定と国家体制
　　§443 諸国家間における普遍の不在
　　§444-446 戦争状態
　　§447 対外的国法
　　§448-452 **世界史**と世界法廷
第3部 絶対的精神
　a 芸術宗教
　b 啓示宗教
　c 哲 学

ある。そして法律が理性・自由を表明するとき，人間は法律の中で自分自身のもとにいる。彼は自由である」（GW27,3.1127）。「国家は自由の実現である。自由は法律の中に成り立つ」（GW27,3.1135f.）。法，理性，自由，国家を一つのものとして論じている。しかし，歴史全体を法の発展として一貫して論じているわけではない。

5)　GW.13.§430-452『ハイデルベルク・エンツュクロペディー』全集11.317-324。

6)　以下の考察では W. Jaeschke, Die vergessene Geschichte der Freiheit in *Hegel-Jahrbuch* 1993/94, Berlin 1995,S.65-74（イェシュケ「自由の忘れられた歴史」）を参照した。

1　法の歴史を語らない『法哲学』

『法哲学』の本文は次の文章で始まる。

> 哲学的法学は法の理念を，すなわち法の概念とこの概
> 念の実現とを対象にする[7]。

この短い本文についてヘーゲルは 1822/23 年冬学期の講
義の中でこう解説している。

> 概念と概念の現実存在 Existenz は霊魂と身体のよう
> な二つの側面である。身体のない霊魂は生きたもので
> はないし，反対に霊魂のない身体も生きたものではな
> い……現存在 Dasein と概念との，つまり肉体と霊魂
> との統一が理念である。……法の理念は自由と自由の
> 現存在である。すべてが真に把握されるためには，法
> の概念とその概念にふさわしい現存在が把握されなけ
> ればならない[8]

理念は概念と概念の現存在との不可分の一体であるか
ら，法を，法の概念と法の概念の現存在の両面で捉えなけ
ればならないと述べている。

宗教哲学講義（1827 年）の中で，ヘーゲルは，精神を哲
学的に考究する際の一般的な体系形式を次のように示して

---

7)　『法哲学』§ 1.
8)　GW.26,2.775f.（ホトーによる講義録より）

いる。

> まず初めに概念があり，次に概念が具体的に規定され
> て現実味を帯びた客観性をもち，最後に，最初の概念
> がみずからの対象となって，自分自身にとってあり，
> 自分自身に対象的となり，自分自身に関わる。これは
> いつでもあらゆる学問の進み方である。それが哲学の
> 歩みである。まず，概念によって物事を捉える学とい
> う構想があり，われわれはこの構想をもって始める。
> 最後にしかし，学そのものが自分で自分の概念を捉
> え，この概念が自覚的なものになる[9]。（強調は引用者）

　宗教哲学講義はこの体系形式に即して，第 1 部　宗教
の概念，第 2 部　規定された宗教（宗教の歴史），第 3 部
　完成された宗教（キリスト教）という 3 部構成をなして
いる。 概念から発し，それの歴史的展開を通して，最後
に歴史的展開と体系的展開とが統一されるという方式であ
る。
　このような展開は『精神現象学』（1807 年）にも見られ
る。「精神」の章では，古代ギリシャの人倫（ポリス）か
ら古代ローマの「法状態」，近代の啓蒙主義とフランス革
命，ドイツの道徳哲学へと歴史的に展開する。「宗教」の
章では，オリエントの自然的宗教から古代ギリシャの芸術
宗教，近代までのキリスト教へと展開する。そして「絶
対知」の章で，これまでの精神の歴史的な歩みを振り返っ

---

9)　V.5.177　山﨑訳, p.443.

て，その展開全体を内面化（Er-Innerung）し[10]，総括的に概念把握する。美学講義でも，芸術の一般部門で「美の概念」を講じ，芸術の特殊部門で3つの芸術形式（象徴的，古典的，ロマン的芸術形式）を区分して，それぞれの芸術形式に，オリエント，古典古代，キリスト教以降の芸術という歴史的展開を重ねている[11]。哲学史講義では，哲学史という主題から当然とはいえ，哲学の生成を歴史的に概念把握し，「現在の哲学が何世紀にもわたる労苦の結果である」[12]ことを示そうとする。すなわち，哲学史を，自由の思考が自らを客観化し，その客観化の中で自己を知り自己のもとにある歴史として包括的に解釈する[13]。

　概念から概念の歴史的展開を経て，概念を自覚的に再把握するというこうした方式を指して，ヘーゲルは「あらゆる学，あらゆる学知には」この一つの方法しかない[14]と述べている。絶対的精神（芸術，宗教，哲学）の哲学ではこの方式をとった。ところが，客観的精神の哲学（＝法哲学）では，法の概念が論理的に展開して実現する方式をとり，法の歴史的展開には一切触れていない。なぜであろうか。

　　10）　GW.9.433　『精神現象学』熊野純彦訳，ちくま学芸文庫，2018年，下589。

　　11）　Hegel, Vorlesung über Ästhetik. Berlin 1820/21. Eine Nachschrift, ed. H. Schneider, Frankfurt am Main: Peter Lang, 1995. ヘーゲル『美学講義』寄川条路監訳，法政大学出版局，2017年，p.19-24。

　　12）　GW.18.55「1820年哲学史講義序論草稿」竹島尚仁・竹島あゆみ訳，全集16.53。

　　13）　Jaeschke, *Hegel Handbuch*, S.487.『ヘーゲル　ハンドブック』p.604。

　　14）　V.3.83　山﨑訳，p.6.

そこには歴史法学派との対決があった。この事情をドイツ法典論争の中に見てみよう。

ドイツ法典論争

　1814 年に対ナポレオン戦争に勝利したドイツはフランスの制圧から解放され，民族的自決の獲得を目指すドイツ統一運動が盛り上がった。ナポレオン支配下にフランス民法典が導入されていたが，ドイツ統一運動の高揚の中で，全国的な統一法典を制定することが検討された。これをめぐって，ティボーとサヴィニーとの間に交わされた論争がドイツの法典論争である。

　ティボー（Anton Friedrich Justus Thibaut, 1772-1840, 当時ハイデルベルク大学教授）は，1814 年に『ドイツのための一般民法典の必要について *Über die Notwendigkeit eines allgemeinen bürgerlichen Rechts für Deutschland*』を発表した。領邦国家に分裂しているドイツを統一するためには，政治的旧体制が復活する前に，まずフランス民法典を範として，自然法的な理性に基づいて，ドイツ全体を一つの法で規律する統一法典をつくる必要があると主張した[15]。

　ティボーの提案に対して直ちに批判の矛先を向けたのがサヴィニー（Friedrich Carl von Savigny,1779-1861, 当時ベルリン大学教授）である。彼も同じ 1814 年に『立法および法律学に対する現代の使命について *Vom Beruf unserer Zeit für Gesetzgebung und Rechtswissenschaft*』を発表して，

---

　15)　勝田有恒・森征一・山内進編『概説西洋法制史』ミネルヴァ書房，2004 年，p.273-281，佐藤篤士「チボー」，『日本大百科全書』デジタル版，小学館。

ティボーに反論した。自然法論を思想的土台にすえ理性の
法による完全無欠の法典をつくるという理想を次のように
批判した。すべての法は，まずは習俗と民衆の信念 Sitte
und Volksglaube とによって慣習法 Gewohnheitsrecht とし
て成立し，次に法学 Jurisprudenz によって，生み出される，
つまり，法はさまざまな活動が歴史的に積み重なって知ら
ぬ間に生み出されるのであり，立法者の好き勝手 Willkür
によってではない[16]。こうした歴史的な事情を無視して，
「既存のことがらを顧慮せず普遍的な理性法 das allgemeine
Vernunftrecht が内容を確定すべきである」というティボー
らの主張は「大口をたたくまったく空虚な見解」だ。むし
ろ，「法典には，まずもって既存の法が記録されなければ
ならない」[17]。法とは言語や種族と同様に，民族とともに生
成発展するものである。法は歴史とともに常に変化するも
のであるから，完全無欠の法典を期待するのはおかしい。
民族とともに生成した法をそのまま再録すること，これが
サヴィニーの主張であった[18]。

　サヴィニーの法生成論は，概念に基づく真の正当化を，
歴史的事情に基づく正当化にすり替えて，時代遅れとなっ
た反動的な法を正当化している。理性に基づいて法の体系
を構築しようとするヘーゲルにとって，法を「事柄の本

---

16)　Carl von Savigny. *Vom Beruf unserer Zeit für Gesetzgebung und Rechtswissenschaft.* Mohr & Zimmer, 1814. S.13.f. F.C. サヴィニ『立法と法学とに寄せるわれわれの時代の使命について』その二，守矢健一訳，大阪市立大学『法学雑誌』60 巻 1 号，2013 年，p.162。

17)　Ebd. S.18.f.　前掲訳，その三，61 巻 1・2 号，2014 年，p.410。

18)　『概説西洋法制史』p.275。

性」によって正当化するのではなく，歴史的な外面的な事情で正当化したり，法の成立を歴史的に意義づけたりすることは認めがたいことであった[19]。30/31年の世界史の哲学講義で，「〔一般〕ラント法」をフリードリッヒ2世によって成就された「近代のもっとも偉大な現象の一つ」としてあげていることから[20]，ヘーゲルが普遍的な法典の制定を支持しているのは明らかである。

　歴史法学派の反動的な性格を読み取ったヘーゲルは，単に歴史的な事情だけで法を正当化することと，理性的概念に基づいて法を正当化することとの間に厳格な線を引いた[21]。歴史法学派の路線と明確な一線を画すために，『法哲学』で法の歴史的展開を意図的に避け，法の概念の論理的展開という方式をとった。しかし先に示したように，概念から概念の歴史的展開を経て概念を自覚的に再把握するという方式が「あらゆる学，あらゆる学知のただ一つの方法」ではなかったか。なによりも，『法哲学』本文の最初

---

19)　『法哲学』§3は歴史法学派の先駆とされるフーゴー（Gustav Hugo, 1764-1844）の『ローマ法制史』を名指しで批判しているが，ヘーゲルが本当に批判したかったのはおそらくサヴィニーである。サヴィニーを名指していないことに，同僚サヴィニーに対する配慮が感じられる。サヴィニーはベルリン大学創設の貢献者であり，学長も務めた。またプロイセン司法省の国家評議会（Staatsrat）員，プロイセン皇太子（のちのフリードリヒ・ヴィルヘルム4世）の法学の家庭教師も務めた。けれども，『法哲学』§211にはサヴィニーへの次のような当てこすりも見られる。「文明化された国民やそのような国民の法律家に対して，法典作成の資格を否認するということは，文明化された国民とその法律家に加えられる最大の侮辱の一つである」（岩波書店，下381）。

20)　GW.27,4.1557.

21)　『法哲学』§3.

の文章，「哲学的法学は法の理念を，すなわち法の概念とこの概念の実現とを対象にする」[22]に反しないか。単に歴史的な事情で正当化する歴史法学者のやり方ではなく，法の歴史を理性と自由の歴史的発展として哲学的に概念把握するという道があったのではないか[23]。

　ヘーゲルは歴史法学派との対決に気を取られすぎて，みずからの体系方式に反する叙述方式をとった。これによって自由の歴史を法の歴史として展開することがなされなかった。『法哲学』で歴史が登場するのは，内外の国法を扱った後に世界史を見渡すときである。しかしそれは，客観的精神の哲学＝法哲学の体系形式として本来描かれるべきであった「法の歴史」とは異なるものである。世界史は人倫国家が諸国家として出会う場面である。「そこには，情念，利害，目的，才能，徳，暴力，不法や悪習という内的特殊性や外的偶然性が現象のほとんどの場面にわたって跋扈している」とヘーゲルは捉えていた[24]。このように規定された舞台設定の上で自由の概念の実現を証明することは本来不可能である。ところがヘーゲルはここに「世界法廷としての世界史」という構想をもち込み，それに自由の実現を託そうとした。

22）　『法哲学』§1.

23）　Jaeschke, *Hegel Handbuch*, S.376.『ヘーゲル　ハンドブック』p.478.

24）　『法哲学』§340.

2 自由の実現としての法の歴史

ヘーゲルが本来描くべきであった〈自由の実現としての法の歴史〉について考えてみよう。

法の歴史の最初の日付は，ローマの最古の法典，十二表法 Lex duodecimtabularum[25]の制定（前5世紀中頃）とされている[26]。古代の法ではあるが，近現代の法にまでさまざまな形で影響を及ぼしている。ローマ法は中央ヨーロッパでは14世紀以降「普通法 ius commune」とみなされ，19世紀には私法の法典に組み入れられた。日本も明治期に中央ヨーロッパの法をモデルとして法典整備を進めたことにより，この流れに加わった[27]。民事手続きや裁判費用，遺言等々，非常に多くの点で現代法にまでその影響を及ぼしている．

十二表法に先立つ古い法は，世代から世代へと口承で伝えられた不文の慣習法であった[28]。先史時代と王政期（前1世紀まで）では，鳥の行動の変化を読み解くことで神意を占う鳥卜（ちょうぼく）の風習があった。民会での王の就任にあたって，鳥卜官（ちょうぼくかん）augur（鳥占官（ちょうせんかん），神官とも訳される）が儀式的な行為で，王に呪術的な力を伝えた。これによって王は特殊な霊

---

25) 佐藤篤士『改訂 LEX XII TABULARUM：12表法原文・邦訳および解説』早稲田大学比較法研究所，1993

26) ウルリッヒ・マンテ『ローマ法の歴史』田中実・瀧澤栄治訳，ミネルヴァ書房，2008年，p.7。

27) 同 p.i.

28) ピーター・スタイン『ローマ法とヨーロッパ』屋敷二郎 監訳，ミネルヴァ書房，2003年，p.5。

力を身につけ，祭祀の首長として宗教的儀式の指導者となる。王の政治権力の源泉はこの祭祀的な力にあった。民会は家の祭祀に関わる養子縁組や相続人指定などについての管轄権も有していた。これらの私法的な案件は，鳥占官の裁定に委ねられていた。古法の担い手は鳥占官（神官）であった。ヘーゲルも『法哲学』§279で，国家の重大決定が「動物の内臓や鳥の餌あさりと飛翔などから引き出された」時代があったことに言及している。これは「人間がまだ自己意識の深さを把握しておらず，実体的一体性の堅い未分状態から自覚的な対自存在に到達していないために，決定を人間存在の内側に見る強さをまだもっていなかったからだ」と解説している[29]。こうした鳥占官の時代は十二表法の制定によって終わりを告げた[30]。

　十二表法はパトリキ（貴族）に対するプレブス（平民）の身分（階級）闘争の結果，成立した。それに先立つ身分闘争によって，平民会の開催と護民官の選出が認められ，護民官によるプレブスの個別的な救済の可能性が確保された。しかし，法知識そのものは依然としてパトリキの独占物であった。法が成文化されておらず，判決を下す神官職はパトリキに独占されていたから，パトリキが都合のよい判決を恣意的にブラックボックスから取り出すようにプレブスには思えた。10年に及ぶ交渉の結果，十人委員会が設置され，十二表法の制定にいたった。これがのちのローマ法の基礎をなす。12枚の銅板に記して公示されたので

---

29) 『法哲学』§279, 岩波書店, 下485, 中央公論社, p.534。

30) マンテ, p.57-58.

「十二銅板法」ともいう。

十二表法の制定は，プレブス（平民）という新しい階級が自由へと高まる一歩を意味していた。新しい階級が自由へ高まり，自由が新しい階級へ拡大される。しかし，このことだけに，法の歴史の意義があるのではない。鳥の行動の変化から神意を占う鳥占官や，神官による宗教的儀式での裁定ではなく，成文法に定められた手続きと法の合理性に基づいて，市民が自力救済を可能にしたり法廷手続きを開始できるようになった[31]。それは，法を宗教領域から解放し，人間の共同生活の秩序原理として確立することである。すなわち法（ius）を神聖な掟（神法 fas）から切り離して，自由な意志の現実としての法という領域を原理的に基礎づけることを意味する。新しい階級が自由へと高まることと，自由な意志の現実化としての合理的な法という二重の意味で，「法制史の最初の日付は同時に自由の歴史の最初の日付である」。神聖な掟から取り出された法は，さらに何世紀もかけて前進して，自由意志の領域として認識されるに至るのである[32]。

世界精神の進歩の緩慢さ

ただし，自由を自覚し実現することは一挙に成し遂げられたのではなく，それには莫大な時間を要した。このことをヘーゲルは哲学史講義の中で「世界精神の進歩の緩慢さ」という言葉で説明している。1820 年の自筆草稿より

31）　スタイン，p.6-7.

32）　Jaeschke, Die vergessene Geschichte der Freiheit. S.69.

引用する。

　　精神の緩慢さと莫大な浪費とやり方を把握し，具体的
　な事例をあげるためには，たんに精神の自由の概念と
　いう主要概念を引き合いに出しさえすればよい。ギリ
　シア人とローマ人は——アジア人はもとより知らない
　が——，人間が人間として生まれながらに自由であ
　る，精神は自由であるというこの概念を知らなかっ
　た。プラトンとアリストテレス，キケロとローマの法
　学者たちは，この概念だけが法の源泉であるにもかか
　わらず，この概念を知らなかった。まして〔市井の〕
　人々はなおさら知らなかった。なるほど彼らは，アテ
　ネ市民，ローマ市民が生来自由であることを，自由な
　者と自由でない者がいることを知っていた。しかしま
　さにそれゆえに，彼らは人間が人間として自由である
　こと，人間が人間として，すなわち普遍的な人間が，
　思想の中で捉えられた人間が，自由であるということ
　を知らなかった。キリスト教の中で，すべての人間は
　神の前で自由である，キリストが人間を自由にし，神
　の前に平等にし，キリスト教的自由へと解放したと
　いう教えが成立した。これらの規定が自由を，生まれ
　や身分，教養などに依存しないものにした。これによ
　り非常に多くのことが前進した。しかしこれらの規定
　も，自由であることが人間の概念をなすということと
　はまだ違いがある。この規定の感情は幾百年，幾千年
　の長きにわたって働き，この衝動はおびただしい改革
　をもたらした。しかし人間が本性 Natur により自由で

124

あるという（思想）すなわち概念，これはその自然的
な生に従ってという意味ではなく，むしろ存在あるい
は概念における本性という意味である。この認識，こ
の自己知は，それほど古いものではない。われわれ
は，おのずと理解されるとおり，それを先入見とし
てもっており，人間はけっして奴隷になってはならな
い，どんな国民も，奴隷を生み出すために戦争を行う
政府というのは思いもよらない。そしてこの知をもっ
て初めて，自由は法・権利となる[33]。

　長い引用になったため可能な限り解釈を加えてみたい。
　まず，「人間が人間として自由である」という概念を獲
得するために莫大な時間を要した。古代ギリシャ人やロー
マ人はそれをまだ理解していなかった。キリストがこのこ
とを教えたとヘーゲルは言うが，ローマ帝国の法学者ウ
ルピアヌス（Gnaeus Domitius Ulpianus,170 頃？ – 228）の定
式，「自然法によれば，すべての人は自由に生まれついて
いる」[34]の方が宗教的な定式化よりも適切であろう[35]。紀

---

33)　GW.18. 56f.　全集 16. 54f.
34)　学説彙纂第 1 巻 1,4 「〔奴隷の〕解放も万民法の一部である。
解放とは手から放すこと，つまり自由の付与である。なぜなら，ある者
が奴隷状態にある間は〔主人の〕手と権威に支配されるが，いったん解
放されると，その権威から解放されるからだ。この制度は万民法にそ
の源を発する。なぜなら，自然法によれば，すべての人は自由に生ま
れ，奴隷制自体が知られていなかったように，解放も知られていなかっ
たからである。しかし，奴隷制が万民法によって認められた後に，解放
の恩恵がこれに続いた。人はただ 1 つの自然名称で呼ばれていたが，万
民法の下では 3 つの異なる種類が生まれた。つまり，自由人，奴隷，お
よび第三種の解放された者すなわち奴隷でなくなった者である」。The

元3世紀頃に法的な概念としても，人間が本性上，自由であるという意味で定式化されたが，「この自己知は，それほど古いものではない」と述べているように，本格的には近代自然法の概念である。ルソーの『社会契約論』冒頭の「人間は自由なものとして生まれた，しかも至るところで鎖につながれている」[36]が，それを象徴的に示している。ここまで到達するのに「幾百年，幾千年の長き」にわたる時間と「おびただしい改革」を必要とした。

　先の引用のさらに先でヘーゲルはこう述べている。「精神の概念の形態化は，歴史におけるその広がり全体，その具体的総体性なのである」から，国民の倫理的共同体（人倫），憲法，家庭生活，市民生活，公共生活，芸術，外交関係などにおいて，自由の原理が形成され，具体的な歴史的に規定された明確な形態を獲得しなければならない。それは一日で足る仕事ではない。それは「無限に充実した，闘争に満ちた時間の中での進歩」である[37]。

　3世紀のウルピアヌスの定式化からそれが現実の法として実現するまでに，およそ1500年を要している。精神の歩みの緩慢さを示す良い例である。

　このように，自由の概念の彫琢と概念の現存在（上に示

Enactments of Justinian.*The Digest or Pandects*. Book I (S. P. Scott, The Civil Law, II, Cincinnati, 1932). ユースティーニアヌス帝編『学説彙纂 Π Ρ Ω TA(プロータ)』春木一郎訳，有斐閣，1938 年，p.61-62 参照。

　　35)　Jaeschke, Die vergessene Geschichte der Freiheit. S.72.

　　36)　Rousseau, J.-J., Du Contrat social, *Œuvres complètes* Tome III. p.351　ルソー『社会契約論』作田啓一訳，ルソー全集，第 5 巻，白水社，1979 年，p.110.

　　37)　GW.18. 57f.　全集 16. 55f.

された倫理的共同体のさまざまな法律や諸制度，慣習など）の
進歩に精神は長い時間を要した。そのような精神の具体化
の歴史を概念把握することによって，自由と法の概念がよ
り深く自覚される。ヘーゲルの哲学的方法論とは本来その
ようなものであった。

　先の引用の最後に「どんな国民も，奴隷を生み出すため
に戦争を行う政府というのは思いもよらない。そしてこの
知をもって初めて，自由は法・権利となる」と述べている
ことは，戦争の捕虜となることによって奴隷のような扱い
を受けていることが懸念されるこんにちの課題でもある。
いわゆる国際法による平和の実現である。次にこれを考察
してみたい。

3　完結した国家の外にある世界史

　1817/18 年の「自然法と国家学」講義では，第 3 章人倫
第 3 節国家は表 2 のように区分されていた[38]。

表 2　1817/18 年の「自然法と国家学」講義：
第 3 節　国家 §122-170

A 対内国法（邦訳は内部国家法）Das innere Staatsrecht §127-158
a 君主権 §138-140
b 統治権 §141-145
c 立法権 §146-158
B 対外国法（邦訳は外部国家法）Das äußere Staatsrecht §159-163
C 世界史 §164-170

---

38)　V1.170-265 ヘーゲル『自然法と国家学講義　ハイデルベルク
大学 1817・18 年』p.188-287。

　「B 対外国法」とは必ずしも国際法ではない。その内容はまず，① 国を守る義務，それに携わる軍人の身分や戦争に参加することを強制する徴兵制などの規定である。これらは国際的事情と関係はするけれども，国内の人民のみを拘束する法である。さらに，② 条約や，戦争法規（「戦争のさ中でも平和の可能性を維持するために，戦争は私的な人格〔民間人〕に対してなされてはならず，私的な人格は国家と区別される」（§163）などの規則である。②はこんにち言うところの国際法にあたり，ここでヘーゲルは「諸国民の法，万民法 Völkerrecht」という言葉を用いている。現代ドイツ語で Völkerrecht は国際法であるが，これはラテン語 ius gentium（諸国民の法，万民法）からきている。諸国民の法は諸々の国民に一致して通用する法であり，こんにちの国際法ではない[39]。ローマ市民だけを対象とする市民法 ius civile ＝ 十二表法に対して，帝国内のすべての自由民に該当する普遍法が万民法である。ローマの支配が西地中海世界全体に拡大していく中で，ローマ人と日常的に接触する非市民ないしは外国人の数が増加したため，彼らをも法の範囲内に包摂する必要が生じてきた。市民法はローマ市民を対象とする法であるのに対して，外国人に対しても適用できる法が万民法である[40]。それゆえ，①と②を含む「B 対外国法」はこんにちの国際法と完全に

　39）　『概説西洋法制史』p.22-23, Jaeschke, *Hegel Handbuch*, S.398　『ヘーゲル　ハンドブック』p.503。ius gentium の多義性，それと自然法との複雑な関係については柳原正治『グロティウス』清水書院，新装版2014 年，p.173-177 参照。

　40）　スタイン『ローマ法とヨーロッパ』p.17。

一致するわけではない。

1820 年の『法哲学』では，第 3 節国家は表 3 のような新しい区分になる。

表 3　1820 年の『法哲学』：第 3 節　国家 §257-360

A 対内国法　§260-329
Ⅰ　それだけで独立した内部体制 Innere Verfassung für sich §272-320
a　君主権 §275-286
b　統治権 §287-297
c　立法権 §298-320
Ⅱ　対外主権 Die Souveränität gegen außen §321-329
B 対外国法 §330-340
C 世 界 史 §341-360

Aの「Ⅱ対外主権」は 17/18 年自然法と国家学講義での①にあたる内容で，軍人身分と徴兵制（§325），勇気という徳（§327-328）などを扱う。「B 対外国法」は②にあたる内容で，宣戦布告や条約締結の権限（§333），戦争（§334），戦争法規（§338），捕虜の扱いや私的通交の権利（§339）などである。333 節でヘーゲルは，諸国民の法（万民法）に関して，法の妥当根拠はあくまでも主権国家の意志にあるとしている。

　諸国民の法（万民法）は，諸国家の間で端的に an und für sich 妥当すべき普遍的な法である。万民法の原則は，実定的な条約の特殊的な内容とは違って，諸国家を互いに拘束する条約が遵守されるべき sollen であるということである。しかしながら，諸国家の関係は諸国家の主権をその原理としているために，その限りで

　諸国家は互いに自然状態のうちにあり，諸国家の法・
権利は，諸国家を超える権力にまで構成された普遍的
な意志の中にではなく，諸国家の特殊的な意志の中に
その現実性をもつ。それゆえ，万民法の普遍的な規定
は「～すべし *Sollen*」にとどまっている。そしてこの
状態は，条約に従った関係とその関係の破棄の交互の
繰り返しとなる[41]。（強調はヘーゲル）

　諸国家を超える法の根拠をヘーゲルは認めていない。国
家と国家が合意して締結した条約も主権国家の意志によっ
て破棄できる。法はあくまでも国家の法（Staatsrecht）で
あり，それしかない。『法哲学』が，「Ⅱ 対外主権」の延長
線上に「B 対外国法」を置いたのには理由がある。ヘーゲ
ルは当時の古典的な諸国民の法 Völkerrecht に対して，法
の妥当根拠はあくまでも主権国家の意志にあり，そのため
個別国家の「対外主権」を前提にして「対外国法」がある
と考えていた[42]。「諸国家は相互にまったく自主的，独立的

---

　41)　『法哲学』§333.

　42)　『法の哲学』（中央公論社，1967 年）は「B 対外国法」という
見出しを「B　国際公法」と訳している（p.588）。『法の哲学』（岩波書
店，2001 年）は，こんにちの「国際法」にあたると考えてか，あっさ
り「国際法」と意訳している（下 543）。ヘーゲルがここで Völkerrecht
（諸国民の法，国際法）という見出しをつけずに，Das äußere Staatsrecht
（対外国法）という概念を用いたことに注意しなければならない。対外
国法はインターナショナルな法ではなく，あくまで国外に関わる国家
Staat の法 Staatsrecht なのである。「国際法」と意訳すると，ヘーゲルが
法の根拠はあくまでも個体主義的な主権国家の意志にあると考えて「国
際法」という見出しを避けた意図が隠されてしまう。

である。だから対外国法は国家間では現実的でない」[43]からだ。国家と国家を結合する第3のものは，条約やそれに基づく複数の国家間の同盟であるが，それらはしばしば破られる。カントが構想したような「国際連盟による永遠の平和」も「諸国家の同意を前提としているために常に偶然性にまとわりつかれている」[44]とヘーゲルは言う。国家間の関係は，国家内で通用する法が支配できない自然状態なのである。このようにヘーゲルは国際法や国家間の平和状態に対して極めて否定的である。

4　主権国家の平和的安定

　カントの永久平和論に大きな影響を与えたルソーは，『社会契約論』の結語でこう述べている。

　　政治的権利の真の諸原理を設定し，この基礎の上に国
　　家を築こうと努めたあとに，残されているのは，国家
　　をその対外的諸関係によって固めることであろう。そ
　　れは，万民法 droit des gens，すなわち交易，戦争と
　　征服の権利，〔国際〕公法 le droit public, 同盟，交渉，
　　条約等を含む。しかし，これらすべては，近視眼の私
　　にとっては，あまりに広大な新しい対象である[45]

43）GW10,1,403（下級クラスのための法論・義務論・宗教論
1809/10 年，§31. ヘーゲ『哲学入門』川原栄峰・伴 一憲訳，日清堂書
店，1977 年，p.78。

44）『法哲学』§333.

45）Rousseau, Du Contrat social.p.470. 作田訳，p.252.

　ルソーは主権国家の在り方はそれを論じた『社会契約論』だけでは完結せず，主権国家が安定的に持続するための国際環境＝平和の体制が構築されなければ，安定して持続する主権国家論という課題は完結しないことを自覚していた。『社会契約論』の冒頭に「この小論は，私がかつて自分の力量のほども省みずに企てたものの，ずっと前に放棄してしまったもっと大部の著作〔未発表の政治制度論〕からの抜き書きである」[46]とあるように，未完に終わった『政治制度論』に向けて，サンピエール神父（Abbé de Saint-Pierre, 1658-1743）の平和論・戦争論[47]の研究にルソーは取り組んだ[48]。

　カントもサンピエール神父の平和論を受けて，『人倫の形而上学・法論』（1797 年）の末尾で「普遍的・永続的な平和の確立」は理性的法論の「全究極目的をなす」と述べている。ここでカントは「おそらく永遠平和はありうるものでないとしても，われわれはそれがありうるものであるかのように als ob das Ding sei 行為しなければならず，平和の確立に向かって努力しなければならない」と述べている[49]（強調は引用者）。

　これに対してヘーゲルにはそのような意識と努力がまったく見られない。むしろこうした永久平和を嘲笑うかのよ

---

46)　Rousseau, Du Contrat social.p.349. 作田訳，p.107.

47)　サン・ピエール『永久平和論』本田裕志訳，京都大学学術出版会，2013 年。

48)　ルソー『ルソーの戦争／平和論――「戦争法の諸原理」と「永久平和論抜粋・批判」』永見文雄・三浦信孝訳，勁草書房，2020 年。

49)　カント『人倫の形而上学〈法論〉』加藤新平・三島淑臣訳『世界の名著 32 カント』中央公論社，1972 年，p.501。

うな態度が見られる。「自然法の学的な取り扱い方」（1802
年）の中でヘーゲルは戦争の「人倫的意義」をこう強調し
ていた。

　　戦争は，諸国民がその諸々の規定されたあり方に対し
　　て，またそうしたあり方が習慣化し固定化されていく
　　ことに対して無関心にさせ，諸国民の人倫的な健全さ
　　を保持する。それは風の動きが海を腐敗から守ってい
　　るのと同じことである。長く続く静止状態が海を腐敗
　　させるように，長く続く平和はそれが恒久的な平和で
　　あればなおさら，諸国民を腐敗させるであろう[50]。

　凪が海を淀ませ嵐が海を再び活気づかせるというたとえ
を用いて，「長く続く平和が諸国民を腐敗させる」と述べ
ている。このことをニュルンベルク時代以降も繰り返し主
張している。
　カントは「ありえない」永遠平和を「ありうるものであ
るかのように（als ob)」叙述したが，ヘーゲルは現実に不
可能なものを「ありうるものであるかのように」論じるこ
とを拒否している。彼の立場は『法哲学』序文で示された
「現にあるものを概念によって把握すること Das was ist zu
begreifen」である[51]。その結果，『法哲学』§333 で見たよ
うに，諸国家間の約束事は条約の締結とその破棄との交互

　50）　GW.4.450「自然法の学的な取り扱い方」田端信廣・濱良祐訳,
全集 3.668。同様の叙述は『法哲学』§259，324，333 にもある。
　51）　Sk.7.26.『法の哲学』岩波書店 , p.20。

の繰り返しに終わるという絶望的な診断を下している[52]。
ここには時代に対するヘーゲルの冷厳な現状認識がある。
そもそもヨーロッパでは戦争が絶え間なく繰り返され，第
二次世界大戦終結に至るまで，戦乱が絶えることがなかっ
た。ヘーゲルが思想家としての歩みを始めたテュービンゲ
ン神学校時代にフランス革命が勃発し，そこからヨーロッ
パやドイツは激動の時代を経験する。彼は人生最後の年
（1831年）に世界史の哲学講義の中でフランス革命の勃発
（1789年）から七月革命（1830年）までの「40年間の混乱」
を総括しているが（80頁），この40年間はヘーゲルの人
生そのものであった[53]。ヘーゲルはいわゆる国際法に楽観
的な期待を寄せることがまったくできなかったのである。

　しかし個人が相互承認を必要とするように国家も相互承
認を必要とする。ここからは二つの自然状態の克服に焦点
を当ててヘーゲルの社会哲学を捉え直してみたい。

二つの自然状態の克服

　イェーナ時代の『体系構想Ⅲ』（1805/06年）でも，「自
然状態を脱しなければならない exeundum esse e statu
naturae」とヘーゲルは述べていた[54]。ニュルンベルク時代
の「下級クフスの法律論・義務論・宗教論」講義（1811-16

52）　Jaeschke, *Hegel Handbuch*, S.398.『ヘーゲル　ハンドブック』
p.503.

53）　Jaeschke, *Hegel Handbuch*, S.399『ヘーゲル　ハンドブック』
p.505.

54）　GW.8.214 ヘーゲル『イェーナ体系構想』加藤尚武監訳，法政
大学出版局，1999年，p.154。

年）§25 では，「自然状態は野蛮，暴力，不正の状態である。人間はこのような状態から国家社会へと歩みを進めなければならない。なぜなら，国家社会においてのみ法的関係が現実性をもつからである。……人間は自然状態から理性的意志の支配する状態へ移行しなければならない」と述べていた[55]。

トマス・ホッブズが『市民論 De Cive』（,1642 年）で語った「万人の万人に対する闘争 bellum omnium contra omnes」[56]が国家以前と法以前の状態である。「永続的な戦争」が続く自然状態は「野蛮で，命は短く，貧困，不潔であり，平和や社交に伴うのを常とする生活の楽しみ，美しさのすべてを奪われた」状態である。ヘーゲルもホッブズによる自然状態の規定を受けて，人々の相互承認状態，人倫国家の形成へと移行する必要性を説く。

ヘーゲルは「人間は自然状態から理性的意志の支配する状態〔すなわち人倫国家〕へ移行しなければならない」としたが，『法哲学』では，人倫国家が完結した先に世界史を置き，国家を再び自然状態の中に投げ込んだ。ヘーゲルは生涯の大半を革命，動乱，戦争の連続の中で過ごしてきたため，「恒久平和」という甘い幻想を抱くことができなかった。しかしながら，自由の実現を保障する人倫国家が完結したその先に，他の国家と関わる国際関係が無法状態＝自然状態で広がっているとすれば，人倫国家の持続的安定はなく人倫国家の構想は完結せず，「自然状態を脱しな

---

55)　GW.10,1.400. ヘーゲル『哲学入門』p.74-75。

56)　トマス・ホッブズ『哲学原論　自然法および国家法の原理』伊藤宏之訳，柏書房，2012 年，p.765。

ければならない」という課題が依然として残されている。

　次に，ヘーゲルが知る由もなかった20世紀後半以降の国際関係に目をやり，ヘーゲルの限界と第2の自然状態の克服という残された課題について考えてみたい。

5　20世紀後半以降の国際法

　20世紀に入って，人類は2度の大戦を経験した。1920年に創設された国際連盟 League of Nations は第2次世界大戦の勃発を防ぐことができず挫折した。第2次世界大戦後1945年に国際連合 Uneited Nations が創設され，そのさまざまな多角的な活動によって現代国際法は19世紀の国際法と根本的に異なるものとなった。

　かつての国際法では主権国家が主体であったが，現在では国家以外の諸団体や個人も国際法上の主体性をもつに至っている[57]。グローバルな諸問題には，個別の主権国家だけではなく，現在ではさまざまな国際組織，非政府組織（NGO）や個人や団体が関与している。国際連合総会が1948年に採択した「世界人権宣言」は「人類社会のすべての構成員の固有の尊厳と平等で譲ることのできない権利（the inherent dignity and of the equal and inalienable rights of all members of the human family）を承認することは，世界における自由，正義および平和の基礎である」と述べている。「人類社会」と訳されているのは the human family（人類という家族）である。人類という家族の一員である個々

---

57)　ホセ・ヨンパルト『自然法と国際法』成文堂，2011年，p.79。

の人間が国際法の主体として認められているのである。この理念を実現するために，おびただしい数のさまざまな規約や議決文書などが制定されてきた。例えば，「国際連合の人道的緊急援助の調整の評価」1991年，「すべての人権の促進及び保護のための高等弁務官（人権高等弁務官設置決義）1993年等々。いま私の手元にある『国際人権条約・宣言集』[58]は約1000ページ210件の関連文書を収録している。

　国家対国家の紛争は当事国にのみ委ねられるのではなく，国際連合による集団的な仲裁，制裁，国際裁判などによって平和的に解決することが目指される。当事国による自力救済に代わって，武力行使した国に対して他の国々が集団として強制措置を講じることで侵略を阻止し，国際的な安全を確保する国際安全保障体制がとられている。

　「国際連合」という外務省の訳は正確ではなく，実態は米英などを中心とした「連合国 United Nations」である。サンフランシスコ会議（1945年4月）直前に死去したローズヴェルト米国大統領（Franklin Delano Roosevelt,1882-1945）を追悼する意味もあって，彼が提案した「連合した諸国 the United nation」が新たに創設される国際組織の名称に決まった[59]。名称のみならず，基本的枠組みも第2次世界大戦終結時の歴史的事情を引きずっており，国連憲章の基本的枠組みは80年近くも基本的に

---

58) 松井芳郎ほか編『国際人権条約・宣言集（第3版）』東信堂，2005年。

59) 吉田康彦『国連改革──「幻想」と「否定論」を超えて』集英社，2003年，p.45。

変わっていない。そのため，国連は大国の利害のぶつかり合いによって，さまざまな問題と限界を抱えている。国連といえば安全保障理事会（安保理）が注目され，拒否権の発動によってウクライナ侵攻も止めることができず，国連の「機能マヒ」として国連の存在意義を疑問視する声すら高まっている。現在侵攻の当事国が拒否権をもつ常任理事国という事態に，「平和の番人」たる安全保障理事会の矛盾がさらけ出されている。

　たしかに安保理は国連で最も強い権限のある会議である。国連憲章のもとに加盟国がその実施を義務づけられる決定を行う権限をもっているのは，安全保障理事会だけである。しかし，国連のシステムはこれにとどまらない。近年，国連総会の権限が強化されてきている。国連総会の決議は拘束力をもたない勧告にとどまるが，総会の討議を通じて各国の間に共通の認識が生まれ，世界の総意のようなものが結集されてくる。法的な拘束力はないが，長い目で見ると，それが世界に大きな道義的・政治的な影響を与え，決議した内容が実現していく[60]。1960 年代以降，第三世界の発展途上の国々が次々と国連に加盟し，現在の加盟国は 196 か国にのぼる。国連総会は「人類の総会」にふさわしい規模となっている。

　国連総会は 2023 年 4 月 26 日，安全保障理事会の常任理事国が拒否権を行使した場合，総会会合を開いて理由の説明を求める総会決議案を総意により採択した。拒否権の行使から 10 日以内に総会を開き，拒否権行使国に優先的

60）　明石康『国際連合──軌跡と展望』岩波書店，2006，p.94。

に演説させる。総会開催の72時間前までに安保理に拒否権行使についての「特別報告書」の提出を求めるという決議で，実際に説明するかは拒否権行使国の判断に委ねられ，義務ではない。この決議によっても安保理や国連がただちに大きく変わることはない。しかし，拒否権を行使した場合には合理的な説明が求められ，人類社会全体を納得させるだけの理由がなければならない。そこに倫理的なプレッシャーがかかる。こうした改革を積み重ね，安保理の抜本的な改革につなげていくしかない。

　さらに，国連本体だけではなく，国際司法裁判所や事務局，15の専門機関（国際労働機関 ILO，国際連合教育科学文化機関 UNESCO，国連食糧農業機関 FAO，世界保健機関 WHO，国際民間航空機関 ICAO，万国郵便連合 UPU 等々）と数多くの計画 programmes や基金 funds，さまざまな委員会など各種機関が含まれ，それら総体が「国連ファミリー」と呼ばれている。いまや国連ファミリーを抜きにグローバルな世界と私たちの生活は考えられない。21世紀の地球社会，人類家族のガバナンスを担えるのは国連ファミリーをおいて他にない。The United Nations を「国際連合」と訳したのは誤訳に近いが，現在はその誤訳にふさわしい存在になっている。無力さをさらけ出す現下の安保理を短期的に見るだけではなく，より長期的かつ幅広い視点で見渡した時，20世紀後半以降の国際法はヘーゲルが生きた19世紀までの国際法とは次元を異にし，大きく発展してきている[61]。

---

61)　柳原正治『グロティウス』p.190-191 参照。

　国際的な平和体制は現在の国連の状況を見てもいまなお未確立であり，たしかに大きな困難にわたしたちは直面している。しかしながら主権国家が安定的に発展するためには，「第2の自然状態」を終わらせることが不可欠の条件であることを現下の国際情勢は示している。世界の現実を考えるとなかなか困難と思われるが，こうした活動に実効性をもたせる体制を構築しなければ，わたしたちに未来はない。国連に対しては楽観も悲観もせず，幻想も絶望もいだかず，現実的に向き合って改革を進めていかざるをえないであろう。

法の歴史をふりかえって

　私法的な案件が鳥占官（神官）の裁定に委ねられていた時代から十二表法の制定へ，その後の「世界精神の緩慢な歩み」を経て，自由と人権を踏まえた近現代の法体制へ，さらに20世紀後半以降の国際法の目指ましい発展を歴史的に振り返ってみるならば，「実現された自由の国としての法体系」（『法哲学』§4）は，法の現存在の歴史的展開も踏まえて概念把握される必要があろう。ヘーゲルは人生のほとんどを戦争の時代に過ごし，20世紀後半以降の国際法の発展を知る由もなかったため，第2の自然状態を克服する展望をもつことができなかった。ヘーゲルは，国家の主権は「他の諸国家による承認を通じて完成されなければならない」（『法哲学』§331）という課題意識をもちながらも，諸国家間の安定的承認状態への展望を示すことができなかった。ヘーゲル承認論の大きな欠落である。

第6章
「世界史の哲学」と「精神の歴史性の哲学」

　ハイデガーが『存在と時間』第1部第2篇第5章「時間性と歴史性 Zeitlichkeit und Geschichtlichkeit」の中で「歴史性の実存論的分析」[1]を行ったように，「歴史性」は20世紀哲学の大きなテーマとなった。

　現代のもっとも浩瀚な総合的宗教事典，『歴史と現代における宗教 Religion in Geschichte und Gegenwart』の中で，「歴史性」の項目を執筆したガダマー（Hans-Georg Gadamer, 1900-2002）はこう説明している（表1）[2]。

表1

・Geschichtlichkeit「歴史性」は Sage（伝説，言い伝え）の反対概念
・批判的歴史学による概念としては，歴史性の反対概念は「非歴史性」
・哲学的述語としては，人間精神の歴史的な存在様式
・ディルタイとヨーク伯がこの語を用い，人間の歴史的な基本的位置を，形而上学的な教説に対抗して強調した。

　1）　Heidegger, Martin, *Sein und Zeit*, Max Niemeyer Verlag, 1972, S.372-404　ハイデガー『存在と時間』熊野純彦訳，岩波文庫，2013年，p.212-330。

　2）　Gadamer, Geschichtlichkeit In: *Religion in Geschichte und Gegenwart.3Aufl.*, Bd. 2,1496f. 1958.

ガダマーはこのように書いているが，Geschichtlichkeit はディルタイ（Wilhelm Christian Ludwig Dilthey, 1833-1911）やヨーク伯（Paul Yorck von Wartenburg,1835-97）の作品に初めて見られるのではない。すでにヘーゲルの文献に見られる。

1　歴史性 Geschichtlichkeit はヘーゲルの造語

レンテフィンクが詳細な調査をふまえて解明したように，Geschichtlichkeit はヘーゲルの造語である[3]。この語は 1805/06 年哲学史講義のギリシャ哲学の章に見られる。

> ムネーモシュネー〔記憶の女神〕という自由で美しい歴史性 Geschichtlichkeit の性格の中に，思考する自由の萌芽もある。そして，彼らギリシャ人の間で哲学が成立したという性格もそこにある[4]。

---

3)　Leonhard v. Renthe-Finck, *Geschichtlichkeit. Ihr terminologischer und begrifflicher Ursprung bei Hegel, Haym, Dilthey und Yorck*, Göttingen, 1968,S.16　レンテフィンク『歴史性──ヘーゲル，ハイム，デュルタイ，ヨルクにおけるその術語的・概念的起源』未邦訳。

マルクーゼ（Herbert Marcuse, 1898-1979）はハイデカーの指導のもとに仕上げた *Hegels Ontologie und die Theorie der Geschichtlichkeit*.1932（『ヘーゲルの存在論と歴史性の理論』吉田茂芳訳，未來社，1980 年）の中で，ディルタイに先行するヘーゲルによる歴史性の発見に気づいていた。マルクーゼはこの中で，世界史とは異なる精神の歴史性の意義を『精神現象学』などで解明しようと試みた。

4)　SK. 18.175 ヘーゲル『哲学史講義』長谷川宏訳, 河出書房新社, 1992 年, 上巻, p.141。

これは，20 世紀の議論を先取りするかたちで，ヘーゲルが初めて「歴史性 Geschichtlichkeit」という語を用いた箇所である[5]。歴史性が記憶の女神ムネーモシュネーに結びつけられている。つまり歴史性は，記憶によって或るつながりの中に埋め込まれているという構造を表している。この引用だけでは「歴史性」の意味がよくわからないので，1823 年に改稿された哲学史講義序論草稿から，「歴史的 geschichtlich」という形容詞の用例を次にあげてみる。

思考が残したもの Tat des Denkens は，歴史的に見れば，過ぎ去った事柄であり，われわれの現実とは無関係のように思われる。実際はしかし，われわれの現在のありさまは歴史的 geschichtlich にもたらされたものなのである。あるいはもっと正確に言えば，思考の歴史というこの分野の中に見られるように，過ぎ去ったもの das Vergangene は単に一面にすぎない。それと同じように，われわれの現在のありさまの中では，共有される不朽のもの das gemeinschaftliche Unvergängliche が，われわれが歴史的 geschichtlich であるということと切り離しがたく結びついている。われわれと現代世界が所持する自己意識的な理性は，直接的に成立したのでも，現在の基盤からのみ成長したのでもない。重要なことは，自己意識的な理性というわれわれが現在所持するものは，〔過去の〕労働の遺

5) Jaeschke, W.,Die Geschichtlichkeit der Geschichte. in *Hegel-Jahrbuch*. 1995. S.366 ヴァルター・イェシュケ「歴史の歴史性」山﨑純訳，『人文論集』静岡大学人文学部，第 49 号の 1, 1998 年，p.31-32。

産にして賜物であるということなのだ。しかも，それ
は人類の先行する全世代の労働の遺産であり賜物であ
る[6]。

　ここでは，二つの重要なことが言われている。
　① 人間の精神が「歴史的 geschichtlich である」とい
うことは，「共有される不朽のもの das gemeinschaftliche
Unvergängliche」と不可分に結びついている。
　② 自己意識的な理性という現代世界が所持するものは，
現在の基盤で直接的に成立し成長したのではなく，「人類
の先行する全世代の労働の成果にして賜物」である。
　さらに，ひとつ前の引用（142 頁）と結びつければ，
　③ 現在のわれわれを「共有される不朽のもの」へと結
びつけるもの，それは記憶（ムネーモシュネー）である。

　「共有される不朽のもの」を「伝統」と捉えてもよい。
ヘーゲルは伝統をこう説明している。

　　伝統は，受け取ったものをただ忠実に保存し，変わら
　　ぬままに後から来る者（後継者，後世）に伝えるだけ
　　の家政婦にすぎないのではない。伝統は不動の石像な
　　のではない。それは生き生きとしたものであり，源
　　泉から遠ざかりさらに前進するにつれ勢いを増す力
　　強い流れである。この伝統の内容は，精神の世界がも

たらしたものである。普遍的精神は静かにとどまって
いるのではない。……相続する Das Erben とは遺産を
受け継ぐことであるが，同時に，遺産は一つの素材に
引き落とされ，その素材が精神により変成させられる
metamorphosirt。受け継がれたものは，このようにし
て変更され豊かにされ，同時に保存される。……製作
（創作，生産）Produzieren は，手元にある精神的世界
を前提とし，それを自らのものに作り変えるという性
格をもつ……。こうした本性の中でこんにちの哲学は
先行する哲学と本質的に関連するかぎりで生まれ，そ
こから必然的に現れ出たのである。そしてまさしく歴
史の経過は，われわれに疎遠な事物の生成を呈示する
のではなく，このわれわれの生成，われわれの学の生
成を呈示するのである[7]。

　哲学史講義のための準備原稿の中でヘーゲルは哲学の伝
統についてこのような捉え方を示しているが，これは哲学
に限定されず，芸術や民衆の考え方や広く文化全般，さ
らに法制度や国家（これらはすべてヘーゲルでは「精神」に
含まれる）の歴史的なあり方にも妥当する。ヘーゲルは
イェーナ時代の哲学史講義の中で「歴史性」という語を新
たに造り，「精神の歴史性」を発見した。それは，過去を
断ち切ることを主張する啓蒙主義に対するアンチテーゼで
もあった。
　精神が歴史的 geschichtlich であることが精神の本質的規

---

[7]　GW.18. 101f.　全集 16.98.

定であるならば，本来であれば，これをさらに体系的に仕上げることが求められる。例えば，宗教の歴史，芸術の歴史，哲学の歴史はそれぞれの該当する講義で詳述されたが，それらは互いにどう関係するのか？　絶対的精神（芸術，宗教，哲学）のそれぞれの歴史はあるが，絶対的精神の包括的・統一的歴史はないのか？　さらに，これらと法，制度，国家（客観的精神）の歴史（法の歴史と世界史）との連関はどうなのか？　こうした疑問が残ったままである。

　ヘーゲルはいろいろなところで，精神は一つであり，精神の諸側面は互いに緊密に結びついていると述べている。例えば，30/31 年の世界史の哲学講義序論草稿で，こう記している。

　　　世界史は精神一般であり，精神は歴史の実体であり，一つの精神 der Eine Geist である。その本性 Natur は一つ Eine であり，いつも同一である。そして世界の存在の中に，この精神の単一の本性 EineNatur が現れる[8]。
　　　国民の国家体制 die Verfassung des Volks は，その宗教，その芸術と哲学，あるいは少なくともその教養形成に見合った考え方や思想を伴って，一つの実体，一つの精神 Eine Substanz, ein Geist をなしている。国家は一つの不可分の総体 eine individuelle Totalität なのであって，このようなものからは，例えば国家体制のよう

---

　8)　GW.18.142　全集 16.132f.

に，きわめて重要ではあるが特殊な一面にすぎないものを，ただそれだけ取り出して孤立的に議論したり選び出したりすることはできない[9]。（強調はヘーゲル）

このような1つの精神のさまざまな現れの深い連関を解明しながら精神の歴史性を基礎づける場は，本来ならば，『エンツュクロペディー』の「精神哲学」の緒論「精神の概念」（§§381-384）あたりがふさわしい。しかし，ヘーゲルはここで，そのような解明を行わなかった。それらの節に関連する精神哲学講義でも展開した形跡が見つかっていない[10]。

歴史性の解明に代えて，精神哲学の客観的精神（法哲学に対応）の末尾に「世界史」が置かれた。結果的に，ヘーゲルは精神の歴史性を基礎づけるという課題を果たすことなく，1822年から最期の年1831年まで「世界史の哲学」を歴史哲学として講じた。

精神の歴史性は精神哲学全般を貫く本質的なテーマであるが，世界史は精神哲学の体系の中で客観的精神の国家（人倫）の末尾という辺境に位置している（113頁表1）。国内法をそなえた一国家が他の国家と関係するところ，つまり国家と国家のはざま，国際関係に位置している。

このような世界史を扱う哲学は精神の歴史性の哲学とはおよそ異なるものである。イェシュケは，これによってヘーゲルは自らが発見した「歴史性」を隠蔽したと批判す

---

9)　GW.18.181　全集16.168f.

10)　Jaeschke, 1995, S.370f. イェシュケ「歴史の歴史性」p.43.

る[11]。

　ヘーゲルは精神の歴史性の哲学を仕上げなかったが，も
しこれを仕上げたならばどのようなものになったであろ
うか。それはハイデガーの歴史性の実存論的分析のよう
なものではないであろう。むしろニコライ・ハルトマン
（Nicolai Hartmann, 1882-1950）の『精神的存在の問題——
歴史哲学と精神科学の基礎づけに関する研究 *Das Problem
des geistigen Seins. Untersuchungen zur Grundlegung der
Geschichtsphilosophie und der Geisteswissenschaften*』（1933
年）に類似したものであろう。ヘーゲルが発見した「歴史
性」，それをさらに哲学的に解明したもののイメージをも
つために，ハルトマンの歴史性の哲学を参考にしてみよ
う。

2　ニコライ・ハルトマンによる歴史哲学の基礎づけ

　この著作は 560 頁を超える大作であるが[12]，歴史性の哲
学のイメージをつかんでもらうために印象的事柄を中心に
紹介してみたい。全体は表 2 のような 3 篇構成となって
いる。

---

11)　Jaeschke, 1995, S.367. イェシュケ「歴史の歴史性」p.36.

12)　高橋敬視（縮訳）『歴史哲学基礎論——精神的存在の問題』晃
文社，1943 年．本書は縮訳となっているが，重要な章のみを訳出する抄
訳ではない。すべての節をくまなく完璧に要約している。おそらく全訳
する以上の作業量を要したであろう。浩瀚な原書の全貌を概観できる上
で大変貴重な縮訳である。

表2　ハルトマン『精神的存在の問題』3篇構成

第1篇	個人的精神　Der personale Geist
第2篇	客観的精神　Der objektive Geist
第3篇	客体形象化された精神　Der objektivierte Geist

　この3篇はヘーゲルの精神哲学の3部構成に似ている。
第1篇の「個人的精神」はおおよそ「主観的精神」に対応
する。第2篇はヘーゲルの「客観的精神」という語をその
まま用いている。内容として，言語，生産と技術，法律，
習俗，態度，情操，道徳，指導的役割を演じる趣味，社会
組織，政治的生活，国家，信仰，世界観（神話，宗教，科
学，哲学），芸術などを含む[13]。ハルトマンは「客観的精神」
をこう定義している。

　　客観的精神は共同社会の精神生活の背後に存する実体
　　でも個人の単なる総和でもない。また，精神的に共通
　　なものの単なる型でも単なる精神的所産でもない。そ
　　れは一つの全一的な精神生活である。歴史的にその
　　時々に成立し，同時代的な共同生活によって結ばれた
　　一群の人間の中で形成され発達し最高に達し没落す
　　るような全一的な精神生活 das Geistesleben in seiner
　　Ganzheit である[14]

　客観的精神は共同社会に生きる人々が共有している間主

---

　13)　Hartmann, S.212　高橋敬視（縮訳）『歴史哲学基礎論──精神
的存在の問題』1943年，p.99。

　14)　Hartmann, S.205　高橋，p.96.

観的な精神生活だと述べている。客観的精神を「一つの全一的な精神生活」とする捉え方は，ヘーゲルが「精神は1つ」と捉える発想（146 頁）に通じる。

　続く第 3 篇「客体形象化された精神」は圧巻である。「客体形象化 Objektivation」とは，人間の行為を通じて精神を具体的な形にすることである。そのような形にされたものが「客体形象化された精神 Der objektivierte Geist」である。具体例として，次のようなものがあげられている。文学，詩，造形美術，音楽作品，各種の記念碑，建物，技術的な作品，道具，武器，利用や目的の対象物，手工業的・工業的生産物など。これらの人間の作品すべてに人間の発明的精神や文字に書かれた一切の思想，科学的・哲学的世界像や神話的・宗教的観念などが結びついている[15]。

　ハルトマンはこのような題材を取り上げながら，形態化された精神の歴史的なあり方を多角的に解明している。客体形象化 Objektivation と客体形象化された精神の歴史的存在（歴史的あり方），それと作品の鑑賞という関係の中に「追創造 Nachschaffen があるだけではなく改造 Umschaffen も含まれる」[16]と捉えている。その思想について見てみよう。

　彫像・絵画，音楽，文芸などはモノとして固定化され歴史的に受け継がれる。それらは，芸術家の生きた精神によって創作され形象化された。彼らの生きた精神は時の経過とともに滅んで実在しなくなっているが，作品は遺産と

15）　Hartmann, S.416　高橋, p.179.
16）　Hartmann, S.494　高橋, p.217.

して残される。過去の作品が見る者・聴く者に何らかの刺
激を与え何かを要求し「話しかけてくる」と言われるが，
これは比喩である。作品そのものは死せるモノである。し
かし，それを創作した精神は一つの要求をその作品に結び
つけていた。鑑賞する者はその要求に応えなければならな
い。モノとして伝えられた作品は，後世に生きる精神であ
る鑑賞者によって理解されることを通じて，再び生きた精
神として復活する[17]。それは元のままの再現とは限らない。
作品は新たな精神（鑑賞者）による反作用を経験する。作
者が考えてもいなかった内容が作品の意味につけ加わる。
芸術的直観・鑑賞にはこのような創造的な改造がある。か
くして形象化された精神の内容は鑑賞を通じて歴史的に変
遷する。作品について生きた精神はその理解の変化を通じ
て，作品の内容に新たな歴史性を与える。それは作品のも
ともとの歴史性とは異なるものであり，歴史的に条件付け
られた「第2次の歴史性」とも言える。鑑賞する行為は芸
術家の創作的な自由にも似た自由な活動なのである。優れ
た作品は古くならない。作品の中の生きた精神は後世の鑑
賞者と共に成長する[18]。鑑賞者 der Beschauer は作品を理解
することによって追創作者 der Nachschaffender になる[19]。

　歴史的に形象化されたものとの関わりは，このように共
に創造するという共創的な面だけとは限らない。反対に，
既存の歴史的なものが制限的，抑圧的に働く場合もある。
ハルトマンは「精神の桎梏としての客体的形象化」という

17)　Hartmann, S.451, 452　高橋 p.196-201.

18)　Hartmann, S.487ff.　高橋 p.214-219.

19)　Hartmann, S.543　高橋 p.240.

節の中で，成文法と教義を例にこう述べている。生きた法
観念は成文法に形象化される。精神は法観念を法として自
己自身から取り出し，それに対して一種の権威を与える。
しかしながら，法観念は歴史的にたえず変化する。既存の
法に対して反対を感じることも起こる。この場合，精神は
それに服従するか，またはその束縛を破らなければならな
い。

　信仰の領域でも宗教観と教義との葛藤として現れる。教
義は初めは，感じられた生きた宗教的内容の形象化に他な
らなかったが，教義として定式化されると，形骸化し，生
きた宗教心と対立することもある。生きた精神が自己を形
成するのは自由であるが，それによって自らの桎梏を作る
ならば，この自由は不自由の原因となる。形象化によって
生きた生命過程が停止する。しかし精神は形象化なしに生
きることができない。それゆえ，たえず形象化を行うの
である。生きた精神と形象化との間には，相互依存がある
と同時に取り去りがたい対立・葛藤がある[20]。このように，
歴史的精神の生活は「生きた精神と形象化された精神との
格闘」[21]である。それは，「動かす力と抑止する力」とのせ
めぎ合いである[22]。形象化は固定化であり，圧政的にもな
る。同時にそれは，形象の創造でもあり，前進，変形であ
る。精神の形象化にはこのように保守的原理と革命的原理
がある[23]。ここに歴史的精神の根本法則がある。

20)　Hartmann, S.522-525　　高橋 p.230-231.

21)　Hartmann, S.530　高橋 p.234.

22)　Hartmann, S.516　高橋 p.227.

23)　Hartmann, S.552　高橋 p.235.

このような客体形象化 Objektivation の歴史的ダイナミクスをハルトマンはさまざまな分野で多角的に論じているが，すべてを示せないので，目次の中から，イメージを喚起するような項目をあげると，表3のようになる。

表3　ハルトマン『精神的存在の問題』

第3篇　客体形象化された精神（・は主な項目）
1　客体形象化 Objektivation の諸々の現象と形式 ・制作された作品と精神的財 ・客体化的現象の維持と入り込み ・芸術作品における層の結合
2　客体形象化された精神の歴史的存在（あり方） ・歴史性と超時間性 ・芸術的精神財と思想的精神財 ・歴史哲学的観点 ・芸術における反作用 ・歴史における芸術品の特有の位置
3　客体形象化された精神と生きた精神 ・動かす力と抑止する力 ・精神の桎梏としての客体形象化 ・生きた精神と形象化された精神との格闘 ・束縛を解くことと自己を解放すること ・現在への入り込みと未来への入り込み ・生きた精神の歴史的意義

このように，芸術作品，社会生活，国家制度などあらゆる歴史的存在の歴史性（歴史的であること）をハルトマンは浩瀚な書によって多角的に解明した。これを参照することによって「世界史の哲学」とはかなり趣を異にする，もう一つのヘーゲル的な歴史哲学の可能性も見えてくるであろう。ここで143-145頁で引用したヘーゲルの言葉をもう一度読み直していただきたい。そこで示された思想を具体的に展開すると，ハルトマンの考察に近いものとなるの

ではなかろうか。このようにイメージされる「精神の歴史性の哲学」に比べたら、「世界史の哲学」は世俗的な事柄を満載し話題はきわめて豊富ではあるが、哲学的な概念としては貧弱である。このような歴史性の哲学はヘーゲルに対する「ないものねだりねだり」ではあるが、しかしけっして不当な要求ではないであろう。ヘーゲルの「精神の哲学」からして、そのような歴史性の哲学を体系的に展開する必要があった。けれども、ヘーゲルはその課題を最終的に怠ったのである。代わりに世界史の哲学を講じた。ヘーゲルが「世界史の哲学」ではなく、「精神の歴史性の哲学」を展開していたならば、20世紀の歴史性の哲学を先取りするものとなったであろう。しかしその場合には、ヘーゲル歴史哲学に対する後のセンセーショナルな扱いはなかったであろう。

むすびにかえて

　第1，2章で，講義の序論に焦点を当て，ヘーゲルが考えていた「世界史の哲学」の理念を考察した。初めての22/23年講義では，「世界史の哲学」とは何かをどう構造的に示すかにかなり苦労しながら試行錯誤を繰り返し，最後まで構造が安定しなかった。しかも新領域のアジア研究・異文化研究にのめり込みながら，最初の世界史の哲学講義は過酷な自転車操業を迫られた。

　30/31年冬学期は世界史の哲学とは何かを明らかにする序論のみを講義する計画で臨んだが，この課題の大きさに応えることの困難から早々に断念し，結局，本論を含む全体を講じた。けれども，序論のみに集中的に取り組んだ原稿が残されていた。それは『世界史の哲学序説』として印刷されてもよい状態に清書されていた（ただし原稿の一部は散逸）。これを子細に検討すると，ヘーゲル歴史哲学に対する人口に膾炙した非難が妥当しないことを確認した。

　第3，4章はヘーゲルが自ら生きた時代を含む近代という時代をどう捉えていたかを 学期ごとの変化に注目しながら考察した。ここでは近代において「自由の原理」がどう捉えられていたかが焦点となり，宗教改革とフランス革命に代表される政治革命との関係が考察された。とりわけ30/31年講義では，ヘーゲルが人生最後に直面した七月革命を受けて，主体的な決断によって生きられる危機に満ち

た新時代がいま始まったという緊張感ある時代感覚を確認した。それは「自らの哲学体系の中で歴史を終わらせた」という安穏な境地からほど遠いところにあった。

　第5章では，世界史の中に自由の意識の発展を読み込もうとするならば，法の歴史の発展として世界史を描くべきであったことを論じた。ヘーゲルは世界史を，自らの哲学体系の中で客観的精神の国家論の結末部分に置いた。自然状態を乗り超えて主権国家が確立されたのちに，主権国家は他国との関係（国際関係）で再び自然状態に投げこまれる。この自然状態の中で自由の発展を確証することは所詮無理である。世界史の哲学を講じる前から決定されていたこの枠組みではなく，自由の発展をむしろ法の発展の歴史として確認するべきであった。十二表法という法制定の最初の日付から，ヘーゲルが知る由もなかった20世紀後半以降の国際法の発展の中に自由の意識の発展を確認すべきであることを論じた。これは過去を扱う歴史叙述にとどまらず，いまを生きるわれわれの実践的な課題でもある。

　第6章では，「精神の歴史性の哲学」というもう1つの可能性について検討した。ヘーゲルは諸国家の変遷を世界史の哲学として講義し，死後にそれを弟子たちが『歴史哲学講義』という書として公刊したことにより後世に「歴史の哲学者」として名を残した。しかしながら「精神の哲学者ヘーゲル」が残すべき「歴史の哲学」とは本来「精神の歴史性の哲学」であるべきだった。ヘーゲルは20世紀を先取りする形で「歴史性 Geschichtlichkeit」という語を造語しながらこれを体系的に仕上げることをせずに世界史の哲学を講じた。その大きな欠落を確認した。もしヘーゲル

がそのような歴史性の哲学を目指していたならば，20 世紀以降の歴史哲学に大きな影響を及ぼしたことであろう。それは「歴史の哲学者ヘーゲル」というのちのセンセーショナルな扱いとは異なる影響となったであろう。

あ と が き

　本書は 20 年以上前に上梓されていてもよかった。筆者は「世界史の哲学」の講義録がすべて公刊される前に，聴講生の筆記の写しをヘーゲル研究所やオランダの大学図書館などから入手して，それらを読解しつつ学期ごとの変遷を追う作業を行ってきた。すべての学期の講義録がアカデミー版全集で出揃うのを待っているうちに 20 年以上が経過してしまった。2020 年にようやくすべての学期の講義録が公刊されたので，過去に書いた論文も踏まえながら全体を捉え直すことにした。すでに発表した論文は下記のようなものである。

- ・ヘーゲルと歴史的現在——未公刊講義録と最新のテクストをふまえて，『文化と哲学』静岡大学哲学会，第 14 号，1997 年 2 月
- ・ヘーゲル「世界史の哲学」講義の最新の資料状況について，『人文論集』静岡大学人文学部，第 48 号の 1，1997 年 7 月
- ・時空の十字路としての世界史——ヘーゲル「歴史哲学」新資料を読む，『理想』理想社，第 660 号，1997 年 12 月
- ・〈歴史の始まり〉としての近代——「世界史の哲学」講義にみられる近代認識の発展，加藤尚武編『ヘーゲル哲学への新視角』創文社，1999 年 5 月

- 歴史モデルと新世界アメリカ——ヘーゲル「世界史の哲学」講義における，もう一つの新旧論，栄原隆編『「新旧論争」に顧みる進歩史観の意義と限界，並びにそれに代り得る歴史モデルの研究』平成 18-19 年度科学研究費（基盤研究（B））研究成果報告書，2008 年 3 月
- ヘーゲル歴史哲学の実像に迫る——新資料に基づく最終学期の構想，『思索』東北哲学研究会，第 48 号，2015 年 10 月

　これらの論文で利用できる箇所は活用したが，本書は論文集ではなく，新たな構想のもとに全体を書き直したものである。第 5，6 章は今回新たに書いたものである。

　おりしもロシアによるウクライナ侵攻によって，私たちは緊迫した情勢の中に投げ込まれている。この戦争は短期間では終わらず，数年を要するかもしれないという予想もある。他方で，地球温暖化による気候変動が次々に現れ，世界中で大きな災害が発生している。ヨーロッパの 2022 年 1 年間の平均気温は，産業革命前と比べおよそ 2.3 度高かった（世界気象機関 WMO 報告書 2023 年 5 月 24 日）。国際社会は世界の平均気温の上昇を産業革命前と比べ，1.5 度以内に抑えることを目指しているが，去年のヨーロッパはすでにそれを大きく上回った。

　国連のグテーレス事務総長は，「地球全体にとっての大惨事であり，人類の責任であることは明白だ。地球温暖化の時代は終わり地球沸騰の時代が訪れた」と述べ，強い危機感を示した（2023 年 7 月 27 日，国連本部での記者会見）。

あとがき

　世界の平均気温の上昇を産業革命前と比べて 1.5℃以内に抑えるという目標を達成することができず，まもなく1.5℃を超えると予想されている。そうすると，大西洋南北熱塩循環の弱まりや停止，極地の氷の融解など，後戻りができないティッピングポイント（tipping point 臨界点）に達すると科学者たちは警鐘を鳴らしている。いまは戦争などやってる場合ではない。国際社会が力を合わせ知恵と技術と資金を総動員して，人類の滅亡への道をなんとか食い止めなければならない。そういう時期なのである。ところが，世界はいままさに分断を深めている。戦争そのものによって環境も破壊され，貴重な財源をひたすら破壊のために使っている。気象変動や災害による生活条件の悪化や困窮化に対する人道支援などを削減し，武器供与，砲弾やミサイルの増産に振り向けなければならなくなっている。いまこそ国際連合の力が求められているが，第5章で考察したように，国連はさまざまな問題を抱えている。

　本書はヘーゲルの歴史哲学研究という文献学的な研究であるが，執筆中に期せずしてこのような今日的な課題に直面し，歴史を見直す機会となった。現在，戦争が時代の大きなテーマであるが，世界戦争への危機をはらみながら，いまのところ一部地域の戦争にとどまっている。そうこうしているうちに地球温暖化が急速に進み，人類やさまざまな生物が住めなくなる惑星へと刻一刻と変わりつつある。もしそうなったら，「理性が歴史を支配する」「自由の意識の進歩としての世界史」という理念は根底から意味づけを変えざるをえなくなるであろう。いままさにそうした歴史の大きな岐路に私たちは立たされているのだと思う。

あとがき

　本書の作成にあたっては知泉書館社主，小山光夫さんに
大変お世話になった。厳しさを増す学術出版界の状況の中
で，日本の学術文化力の維持発展への熱い情熱を語ってく
ださったことにより，定年退職後もなんとか研究を続けて
くることができた。小山さんの叱咤激励がなければ，本書
は生まれなかったであろう。心から感謝申し上げたい。

　2023 年盛夏

松　田　　純

人　名　索　引

事　項　索　引

松田　純（まつだ・じゅん」）

東北大学大学院文学研究科博士課程単位
取得，博士（文学）。静岡大学名誉教授。
〔主要業績〕『神と国家　ヘーゲル宗教哲
学』創文社，1995 年。ヘーゲル『宗教哲
学講義』講談社学術文庫，2023 年（以
上は山崎純名義）。(共訳) ヘーゲル全集
第 16 巻『自筆講義録Ⅱ（1816-31)』知泉
書館，2023 年。『安楽死・尊厳死の現在』
中公新書，2018 年。(共編著)『薬学と倫
理』南山堂，2022 年，『ケースで学ぶ 認
知症ケアの倫理と法』南山堂，2017 年，『遺
伝子と医療』シリーズ生命倫理学 11，丸
善出版，2013 年。(監訳) M・フックス『科
学技術研究の倫理入門』知泉書館，2013
年，ほか。

〔ヘーゲル歴史哲学の実像に迫る〕　　　　ISBN978-4-86285-390-5

2023 年 9 月 20 日　第 1 刷印刷
2023 年 9 月 25 日　第 1 刷発行

著　者　松　田　　　純
発行者　小　山　光　夫
印刷者　藤　原　愛　子

発行所　〒 113-0033 東京都文京区本郷 1-13-2　　株式　知泉書館
　　　　電話 03 (3814) 6161 振替 00120-6-117170　会社
　　　　http://www.chisen.co.jp

Printed in Japan　　　　　　　　　　　　　印刷・製本／藤原印刷